キリシタンの世紀

キリシタンの世紀

ザビエル渡日から「鎖国」まで

高瀬弘一郎

岩波書店

目次

序論

キリシタン史を概説風に論述するに先立って、キリシタン史を研究する上の素材となる史料について、少し触れておきたい。キリシタン史研究の分野で出来るだけオリジナルに遡った史料とは、その大部分が、キリシタン宣教師たちが記述した各種の文書類だと言ってよい。すなわち、カトリック教会側の海外史料である。国内史料もないわけではないが、量がはるかに少ない上に、記述内容にも偏りがあり、たとえば国内史料を通してキリシタン教会内部のことを解明することは、まず不可能である。国内史料のみでは、解明出来る事柄が著しく制約されてしまう。このようなわけで、キリシタン史の全体像を包括的に研究するには、どうしても教会史料に依存しなければならない。ただこの教会史料も、カトリックという宗教や修道会が絡むだけに、厄介な問題が伴う。

キリシタン宣教師たちが書いた文書類の原史料は、今日イタリア・スペイン・ポルトガルその他の文書館・図書館・カトリック教会施設に保管されている。それらの閲読は、原則として、すべての研究者に開かれている。写真でよければ、すでにその多くは東京で見ることも出来る。今日では、キリシタン史を専門的に研究するには、どうしてもこういった原史料に遡ることが要求される。

ところで、この宣教師の文書類は、すでに古くから出版されてきた。ザビエルによる日本開教後、数年にして早くもその種の出版物が現われ、その後ほとんど毎年のようにヨーロッパの各地で、原文のままかあるいは他の言語に訳して、刊行されたり版を重ねたりしてきた。それだけではなく、古く一六世紀から、日本におけるキリシタン布教の歴史を記述した、〝日本カトリック教会史〟とでも言うべき書物が、数多く著述されてきた。

こういった文書集や教会史の編纂は、そのほとんどがカトリック教会関係者によって行なわれたと言ってよい。教会史はもちろん文書集といえども、それは歴史研究者に史料を提供することを目的としたものではなかった。したがって、厳密な校訂を経たものではないばかりか、出版物の量の割りには内容に厚みがない。それは、その出版物の主たる目的が、カトリック教会や修道会の教化宣伝にあったからだ、と言ってよいであろう。教会や修道会にとってなるべく知られたくない類いの事柄は、当然そこには記述されていないし、その種の文書は収載されていないからである。

一言で言うなら、それら教会側の出版物は、いわばキリスト教史観一色に塗られている、と言ってよい。イエズス・キリストが人類の罪を贖って十字架上で死んだことに始まり、最後の審判を経て神の国の到来に至るまで、歴史には一貫して神の意思が働いているとみる。したがってそこにおいては、殉教者は磔刑のキリストを体現する者として、賛美の的となる。後に聖人に列せられるザビエルの渡来に始まり、禁教・迫害・殉教の時代を経て、永い潜伏の後幕末における信仰の復活に至るキリシタンの歴史は、そのまま人類の歴史が神の意思のままに動かされている良き証しとなるわけである。

禁教下の江戸時代を通して、キリシタンは邪教として徹底的に排斥され、関係史料の収集やそれについての学問的研究などは、到底望むべくもなかった。明治新政府が誕生した当時は、キリシタン史研究はこのようなわけで、ほとんど白紙同然の状態であった。明治政府は、西欧先進キリスト教国との国交を基に、速やかに近代化を行なうことが国是であった。そこにおいてはもはや、キリシタンを邪教視するわけにはゆかず、日本史上にそれをきちんと位置づけるのを余儀なくされた。国内にその史料を持たない当時の政府・学界は、手っ取りばやい方法として、先に述べたような教会側の文献を翻訳・移植することから着手した。クラッセ著、太政官訳『日本西教史』(明治一一年)に始まる一連の訳業である。中でも、一五九八年ポルトガルのエヴォラ市で出版された在日イエズス会士書簡集を訳された村上直次郎氏の訳業は、最も重要なものと言ってよい。キリシタン史の専門家のみならず、日本史の研究者にとっても、これらの文献はキリシタンのおおよその全貌を把握する上で、まことに便利なものであり、それらが研究史料として果たした役割は絶大なものがあったことは、充分認めなければならない。ただし、ここで忘れてはならないことは、キリスト教史観に立った教会側文献による限り、或る制約・限界から逃れられない、という点である。〝美化された殉教史〟として定着している大方のキリシタン史像は、教会側文献を典拠として研究と叙述が行なわれてきたことによる、と言ってよい。内容に偏りがあること自体を、咎め立てしているわけでは決してない。理屈を言えば、偏っていない中正のキリシタン史などというものは、有りえないであろう。私が言いたいのは、一、教会側文献といえども、確かな史料に基づいたものである限り、大いに参照利用すべきであるが、それは一つの史観に立ったものであるから、そのことをはっきり認識しておくべきだという点、二、いかなる立場に立とうと、確実な原史料に拠るという大原則は貫かねばならない、という点である。

このうち第二点について言えば、近年になってキリシタン史の研究方法は著しく進歩した、と言ってよい。ローマのイエズス会歴史研究所において、世界各地におけるイエズス会士による布教に関して、原文書に基づいて厳密な校訂を経た史料集が刊行され始め、日本についても、一部出版が開始された。これは同じ教会側の出版物・文書集といっても、先に述べたような、厳密な校訂を行なわず、誤謬・遺漏、そして果ては意図的改竄に至るまで、さまざまの問題をはらむ文献とは、全く趣を異にするものである。さらに日本における研究の動向としても、明治以来行なわれてきた研究方法からようやく脱却して、原史料に基づくことが必須であるということが認識されるようになった。先に記したごとく、写真でよければ、東京にいてかなりなところまで原文書に接しうる、というように研究条件は著しく向上している。あとは、それを史料として使いこなすことが出来るかどうかという、研究者の能力が問われるだけである。それが何年もの修業を要する相当困難な作業だということに加えて、その研究対象分野の特殊性から、研究者の人数は必ずしも多くないが、研究は着実に前進しつつある、と言ってよい。

次にもう一点、キリシタン史というと避けて通れない事柄に、殉教の問題がある。前述の通り、旧来の大方のキリシタン史像は〝美化された殉教史〟であった、と言ってよいであろう。キリシタン史研究が今後いかに原史料に基づいて深化されようと、教会側の研究者の手になる限り、この点を払拭することは難しいであろう。シュッテ神父の研究によると、キリシタン時代における殉教者の人数は、せいぜい千数百人であったという。同神父によると、日本におけるキリシタン信徒は、イエズス会宣教師の司牧する信徒が一六〇〇年前後のピーク時でおおよそ三〇万人、他の修道会系の信徒も含めた総数では、慶長一八年(一六一四年)江戸幕府によって禁教令が発布された頃に約五〇万であったという。単純にこの人数だけから見れば、棄教が〝普遍〟で殉教は〝特殊〟だと言わざるをえないであろう。しかし、キリシタン史が〝美化された殉教史〟になるか否かは、恐らく殉教者の人数の多寡によるものではないであろう。先に記述した通り、十字架上のキリストの贖罪による人類の救済を教理の根幹とするキリスト教にとって、殉教は最も尊い行為であり、殉教者はキリスト教の聖性の生き証人ということになる。そして殉教者の事蹟を綴った殉教録は最も大切な記録となる。それゆえ、殉教を中核に据えた歴史叙述は、今後も教会側の研究者によって続けられてゆくことであろう。カトリック教会の立場に立つ研究者にとっては、殉教に対する評価は定まっており、ただその殉教録に対する史料批判を行ない、教化・教訓のために彩色美化され創作された部分を除去して、確実な史実のみを抽出した上で、殉教者を顕彰すればよい。だがそうでない研究者にとっては、殉教はまことに厄介な問題である。それを正面から取り上げた研究論文は、あまりない。キリシタン史研究の古典としての価値を、いつまでも失うことがないであろう姉崎正治氏の一連の著書でも、迫害の心理は取り上げているが、殉教については論じていない。迫害下にあって、宣教師は日本人信徒に、殉教の貴きこと、迫害に負けて棄教することの大罪なる所以を、熱心に説いた。殉教は、それを文字通り実践することが出来た強い信徒の自己表現に尽きるもので、歴史研究の対象にはなじまない問題かもしれない。佐藤吉昭氏の「「殉教」――日本キリシタンから古代キリスト教へ――」*(1)〜(6)(『京都産業大学世界問題研究所紀要』3〜8)は、殉教の問題を取り上げた数少ない論文の一つである。氏はキリシタン史上の殉教を、日本における特定の歴史事実として扱うのではなく、時代と場所に制約されない広いつながりの中で考察する。ヨーロッパの中世・近世を通してキリスト教徒が抱いた殉教の理想像は、キリストの受難と古代ローマ教会における殉教であって、この二つがその後のキリスト教の殉教概念を規定した。その一方で、中世以降においては、異教国家とキリスト教会の対決という典型的な迫害や殉教は、もはや起こりえなかった。そして古代教会の殉教者や聖人への尊敬と思慕の念が、信徒の心に生き続けた。加えて、一三世紀フランチェスコを中心に起こった新しい精神運動は、普遍真理の探求よりも、個々の信仰者の信心生活や神への愛を重視するもので、人間の情緒性を生かしたものであった。この動向は一六・七世紀にヨーロッパ全域に影響を及ぼした。中世末の『イミタティオ・クリスティ』やルイス・デ・グラナダの著作などの信仰書――それらはキリシタン教会の教科書となったものである――に現われた、開拓者時代のキリスト者への憧憬とその教訓は、虚像ではあっても、それは容易に願望的実像となり、潜在的な殉教願望に転化したのではないか。キリシタン教会においては、ヨーロッパでは実現出来ないこの虚像を、一挙に実像に転化させることが可能となった。キリシタン殉教の史実は、この当時のヨーロッパの宣教師や信徒にとって、最高で完全な自己実現そのものであった。

右のような氏の所論は、ヨーロッパ人宣教師たちの殉教行為と、キリシタン殉教の事蹟が多分に美化されて叙述された、おびただしい量の殉教録が生みだされた事実については、説得力を持つと言ってよいであろう。しかし、日本人キリシタンの中からも殉教者が出たことに対しては、間接的・部分的説明にしかなりえない。つまり、『マルチリヨの勧め』に見られるような、宣教師からなされた殉教への強請に対して、日本人信徒たちがただ従順であっただけなのか、殉教勧告を受けいれた日本人の側には主体的要因はなかったのか、という問題が残る。佐藤氏は引き続いてこの点を論ぜられ、和辻哲郎氏の論文「室町時代の物語に現はれた倫理思想」(『日本倫理思想史』下)を取り上げ、検証する。鎌倉仏教の伝播にともなって、民衆のうちに浸透したと思われる慈悲の教えや、正法のための不惜身命の鼓吹は、同じく民衆のものであった室町時代の数々の縁起物語や利生物語

（仏の冥加が主題）の中に反映していると言ってよい。その恰好の例が、熊野権現の縁起を語った『熊野の本地』である。この縁起物語はインドに由来するが、観音の熱心な信者である一人の美しい女御の、深刻な苦難の生活を描いている。この女御は、観音信仰のお陰で〝御かど〟の寵愛を一身に集め、懐妊の運に恵まれた。これは九九九人の后たちの嫉妬をかきたてた。大王も遂に支えきれず、この后を見捨てる。他の后たちは武士を派遣して、懐妊した后を逮捕させ、深山に連れていって頸を切らせることにした。ようやく所定の山に着いて、武士たちが頸を切ろうとしても、剣が抜けない。「わが腹には王子がおわす。だから剣は抜けまい。しばらく誕生を待って、その後で頸を切るがよい」と后は言う。やがて后は玉のような王子を産み、そして武士を促して頸を切らせる。武士たちは頸を携えて帰っていったが、その後で、頸を切られた后は、乳房は露ほども損せず、王子を育んだ。この頸なき母親の哺育が、この物語のヤマである。三年が過ぎ、王子は聖の手に渡り学問をした。七歳になると、大王の前に出て一切を明らかにした。大王は王子を伴って、恐ろしい女人の国を避けて、飛ぶ車に乗って日本の熊野に渡来した。これが熊野三所権現である。

山中におけるお産や、頸を切られてもなおお嬰児を養うというような残酷な姿を描きだすのは、そう古いやり方ではないようだ。しかもそういう姿が、霊験あらたかな熊野権現の前身として描かれているところに、特別の意味がある。そこには苦しむ神、悩む神、人間の苦しみをおのれに背負う神の観念が、はっきり現われている。十字架上に槍あとの生々しい残酷な救世主の姿を知る者にとって、そういう残酷な神の姿は、決して偶然とは思われない。しかもこれに似た物語が、信仰上の勢力において熊野に劣らない厳島神社の由来を伝える『厳島の縁起』にも見え、しかもそこにおいては〝頸なき母の哺乳〟だけでなく、山中で一二歳まで育った王子を探し出した王が、后の白骨を携えて不老上人を訪ね、后を元の姿にかえしてもらう。母后は蘇り、そしてこの蘇った母后が厳島の主神となる。悩む神は、死んで蘇る神として主神になる。

和辻氏はさらに、これは日本の民間説話を題材としたらしい伊予の三島明神の縁起物語をも取り上げ、これら三つの神社の縁起は、苦しみ、悩む神、慈悲の神への深い理解という点で、キリシタンと相共通する信仰土壌が存在したことを示唆するものだとされた。そしてさらに、正法のための不惜身命の態度は、縁起物語への反映だけでなく、宗教界の実践運動にも現われた、日蓮宗徒の一揆運動しかり、一向宗徒の一揆も弥陀の慈悲に絶対信頼をよせる門徒たちの、弥陀への献身の現われにほかならない、と記述された。

これに対し佐藤氏は、表面的には似ているように見えるが、彼我の間には神概念が全く異なる、として和辻氏の所論を否定される。それはその通りであろうが、ただ中世から近世にかけての西欧キリスト教会の信仰動向と、その反映であるキリシタンの宗教思想書の研究からは、なお先の疑問に対して、充分満足のいく回答を得ることは難しいようだ。それにこの佐藤氏の批判は、キリシタン信徒の信仰が、真正のカトリック信仰であったことを前提とする。しかし肝心のこの点が、例えば古野清人氏の言われるように、シンクレティズムであったとするなら、話は別である。もっとも、古代・中世のキリスト教会史を通して、殉教の行為から、崇拝の対象としての殉教者伝・聖人伝が成立するに至る背景や、その歴史的意義を取り上げた氏の研究は、キリシタン史研究に対しても、有益な示唆を与えるものと言えよう。

キリシタン史研究のための原史料は今日では、研究者によって読了済みか否かは別にして、すでにほぼその全貌を見せていると言ってよい。その大量の、実にさまざまな史料をいかに取捨選択して、立論の拠所とするかによって、キリシタン史は、迫害・潜伏を経て信仰の復活に辿り着く歴史を一方の極として、多様な歴史になりうる。歴史の見方は一人一人まちまちであろうし、またそれでよいと思う。歴史の学問をすることは、与えられた歴史を暗記することではない。ただその歴史の見方が通用するかどうかは、拠って立つ史料の量と質、史料解釈の深さ、的確さ、そしてその歴史の論理に一貫性があるか否か等による、と言えよう。ただし、ここで明確にしておかねばならない点は、キリシタン史を神の摂理の顕現と見る歴史観は、歴史を動かす要因として、超自然的な力を考えるもので、他の学説とは共存は出来ても融合は出来ないように思う。

＊後に、佐藤吉昭『キリスト教における殉教研究』創文社、二〇〇四年。

第一章　布教保護権

キリシタン史は、イエズス会を初めとするカトリック教会の諸修道会による日本布教の歴史であるが、その布教活動の基本的性格、仕組みといったものについて、まず述べておきたい。修道会による布教といっても、この時代、つまり大航海時代の海外布教は、教会が独自の立場で行なったわけではなかった。そこには常に、ポルトガル・スペイン両国王室の後援があった。しかもそれは、単に国王が自己の信仰心から任意に布教事業を支援した、というものではなかった。その政治的・軍事的国力のゆえだけでもなかった。当時のカトリック海外布教が、イベリア両国王室の後援によって進められたのは、基本的には教会法に基づくものであった。カトリック教会聖職者を任ずる権限を持つのは誰か、というのは、ヨーロッパ・キリスト教会で古くから厄介な問題であった。古代ローマでは、司教は聖職者や信徒たちによって選ばれ、司教はその管轄下の聖職者を任命した。中世の封建社会になると、封建領主は自分の領土内に教会や修道院を建て、それらを自分の私有物として、そこの聖職者を独自に任命出来ると考えるようになったが、それが行きすぎると、国王・領主の俗権が教権の上位に位置することになり、さまざまな弊害をきたした。そして教会組織上重要な司教の任命権者は、教会側でなければならないとするローマ教皇庁が、俗権と対決して展開した抗争が叙任権闘争である。そして曲折を経た末、教会側が俗権の制限に成功したのが、一二世紀後半教皇アレキサンデル三世の時であって、私有教会に代わって保護権の法制度が定められた。すなわち、領主は教会の保護者として聖職者の指名推薦権を有するにとどめられ、職位を授ける権限は教会側に帰することとなった。しかしこの保護者もなお、その保護下の教会行政に深く関わったことは、同様である。

右に述べた保護権を大航海時代の海外布教に適用したのが、布教保護権である。大航海時代の主役であるポルトガル・スペイン両国の海外進出は、一面異教世界にキリスト教を布教することへの使命感に支えられていた、と言ってよい。イベリア半島におけるイスラム勢力に対する国土回復戦争の延長とも、十字軍精神の発揚とも言えよう。事実、イベリア両国が海外に進出し版図を拡大させたのと歩調を合わせて、カトリックがそこに広まったが、それは布教を両国王室が支援したからにほかならない。それはひとえに、布教保護権によって布教が行なわれたことによる。中世ヨーロッパにおける保護権は、従来のキリスト教世界の中で行なわれたものであったが、大航海時代の布教保護権は、新たにヨーロッパ人の視野に入った異教世界、つまり布教予定地とも言うべき〝布教地〟のカトリック教会の保護者に、イベリア両国国王を据えたものである。両国王室が、布教地の教会運営に保護者として関与することである。ということは、この布教保護権が適用される布教地が拡大してゆかないと、この制度は有効に機能してその目的を果たすことが出来ない、と言わねばならない。大航海時代ローマ教皇は、イベリア諸侯に布教保護権を与えたが、同時に彼らに対し、未知の世界に航海し、武力で切り拓いてそこを奪い取り、植民地として支配し、そしてそこにおいて貿易等を行なう独占的権限を授けた。こういった類いの世俗的事業が伴って、初めて布教保護権が機能しえたと言ってよい。ローマ教皇が世俗的な事柄に対する独占的権限を与えることが出来たこと自体、ヨーロッパ・キリスト教世界における教皇の特異な地位と性格を物語るものであり、教皇が権限を有するのは霊的な事柄についてであるが、その目的達成のためには世俗に対しても権限を持つ、という見解がなお根強く生きていた。

　つまり大航海時代は、カトリック国・カトリック教徒であって教皇を首長と仰ぐ以上、イベリア両国以外の者が異教世界に向けて、航海・征服に乗り出すことも、キリスト教布教を行なうことも出来なかった。両国のみが、異教の国々を征服領有し得たのみでなく、そこは同時に〝布教地〟であり、両国国王を教会保護者とする布教事業が推進された。ポルトガル・スペインの海外進出は、その両国の国益につながることはもちろんであるが、同時にそれはそのまま、カトリック世界の拡大をもたらすものであった。このようなわけで大航海時代は、霊的および世俗的事業が一体となって、国家事業として進められたと言ってよい。本来異質であるはずの二つの事業が一体化していたことに、この時代の重要な特色があり、二つが補完しあって効果的にことが運ぶ反面、逆にこれが裏目に出るおそれもあった。両国の国力が横溢し国威が発揚した時期は、その利点が発揮されてうまく作動したが、一旦落ち目になると、むしろ本質的にそこに内包されていた弊害の方が表面化した。キリシタン布教盛衰の歴史は、その一つの例証とも言える。

布教保護権は教会の保護者たる者の権利と義務とからなるが、次の通りである。まず権利としては、

一、司教区の設置をきめ、その司教区を統轄する司教を、教皇に対し指名推薦することが出来る。

二、その司教区内の司教座聖堂参事会員・小教区主任司祭その他の聖職禄受領者を、司教に対して指名推薦することが出来る。

次に保護者に課せられた義務は、

一、司教区とそこで働く教会聖職者を、経済的に支えること。

二、カトリック信仰の宣布に尽力すること。

大航海時代の、〝布教地〟に対するカトリック布教は、この布教保護権に基づいて進められるべきものであり、全布教地——つまりこれまでの異教世界——は、その適用を免れるわけにはゆかなかった。同時に布教地は、そこの教会保護者であるイベリア両国王室の潜在的領有に帰するものであった、ということにもなる。そしてその潜在的領土を顕在化させて、現実の領土とするために武力征服をすることは、ローマ教皇の認可する全く正当な行為であった。ポルトガル・スペインの両

国のみが、この時代同じ使命を帯びていたわけであるが、現実にその海外進出が軌道に乗り始めると、当然両国の間で勢力争いが生じることが懸念されるわけで、この間の調整を行なって境界線を設定する必要が生じた。

一五世紀冒頭に始まる大航海時代において、イベリア両国の海外発展の過程で重要な役割を演じたものに、ローマ教皇が発給した多数の教皇文書(大勅書・小勅書など)がある。それらはカトリック教国の間では、それなりに拘束力を持つものであって、一種の国際法的な意味を有したと言ってよい。それだからこそ、イベリア諸侯は、自分たちの海外活動を正当化するために、随時このような形での教皇の精神的支援を求め、また教皇の方もこれに応え、両国の国力をカトリック教勢拡大のために、有効に活用しようとしたのは、先に述べた通りである。そこで、問題の両国間の境界であるが、このような境界を設けることをデマルカシオンと言うが、イベリア両国間のデマルカシオンは一挙に規定されたわけではなく、一四七九年二国間で締結されたアルカソヴァス条約、一四九三年五月四日付け教皇アレキサンデル六世大勅書などを経て、最終的には一四九四年六月七日ポルトガル・スペイン間で結ばれたトルデシーリャス条約により、境界線が確定した。この条約は要するに、大西洋上のヴェルデ岬諸島の西三七〇レーグワのところの経線をもって境界線とし、東をポルトガル領、西をスペイン領と定めたものである。東半球については、言及していない。教皇ユリウス二世は、一五〇六年一月二四日付け大勅書でこの条約を承認した。ということは、二国間で定めたこの領域区分は、ローマ教皇によって正当化され、当事国のみにとどまらず、カトリック教国の間では国際的拘束力を持つことになった、と言える。このような形で一応の決着をみたことの意味を再確認しておくと、非キリスト教全世界――すなわちそこは〝布教地〟となるべき所――を二分割し、その一半ずつについて、ポルトガル・スペインがそれぞれ布教保護権に基づいてカトリック布教を独占的に進めること、及びその領域に対しては、それぞれの国が航海・征服・領有、そして貿易等を独占的に、正当性をもって行ないうるということが、ローマ教皇の認可により確定したと言ってよい。併せて異教徒を奴隷にすることも教皇は容認した。

非キリスト教世界の全域がその対象であったから、もちろん日本もそこから逃れられない。つまり日本人の全くあずかり知らぬところで、日本の領土的帰属が論ぜられ、決められていた、少なくともカトリック世界ではそれが通用していたわけである。この事実は、やはり軽視すべきではないであろう。それでは、日本はポルトガル領とスペイン領のいずれに属することになったのであろうか。前述の通り、デマルカシオンの境界線を確定したトルデシーリャス条約文は、東半球のことには触れていない。この条約を結んだのは一四九四年であるが、コロンブスがその第一回航海(サン・サルバドール島、キューバ島、エスパニョーラ島等に到る)から帰着したのが一四九三年、ヴァスコ・ダ・ガマが喜望峰を迂回してインドに渡航する航路を開拓して、ポルトガルに帰港したのが一四九九年であることを考えれば、まだその当時は、現実に東半球において両国の勢力が衝突する事態などは、想定出来なかったのも当然である。

ところがそれが現実のものとなると、東半球においても、境界はどこか、どの地はいずれに帰属するか、といった論議が闘わされることになる。日本の帰属の問題も、その一環である。トルデシーリャス条約文にはそのように明文化されていないが、大西洋上の境界線を地球の裏側すなわち東半球まで延ばして、これを境界線とすべきである、といった主張も確かに存在した。とくにスペイン側は、大勢としてそのような主張を唱え、しかもその線は丁度マラッカの上を通る、などと言った(地図を見れば直ぐに分かるが、この言い分は正しくない。ただし、今日の地理学の知識をもってしてその境界線はどこを通ると言ってみても、あまり意味のあることではない)。その主張でいけば、日本はスペイン領ということになる。しかし東半球においては、多少の年代のずれはあるが、両国が東西それぞれのルートを経て進出し、現実に各地に実権を確立しつつあったのであるから、大西洋上におけるように、一本の境界線を設定して万事解決というわけにはゆかなかった。従ってそこにおいては、各地における二国それぞれの実績と力関係が反映する形で、処理されていったと言ってよい。

日本の場合はどうであったか。天文一一年(一五四二年)中国船に乗ったポルトガル人が種子島に漂着したのが、日本とポルトガルとの通交の始まりであるが、その後ポルトガル船は、ほぼ毎年市場を求めて九州の各地に渡来するようになる。スペイン貿易船が渡来するのは約四〇年後であり、それまで日本はポルトガルの貿易網の中に包含された。一方カトリック布教についてはどうかというと、フランシスコ・ザビエルはポルトガル国王により、東インドすなわちポルトガル領インドに派遣された。その彼が日本に渡来したのは、マラッカでアンジローという一人の日本人に偶然出会ったのが契機となったのであって、ザビエルの方に日本はポルトガルの〝布教地〟であるという明確な意識があって、日本布教を思い立ったわけでもないであろう。しかしそれはとにかく、その後ザビエルに続いて、同じポルトガル系イエズス会に所属する宣教師たちによって布教が行なわれ、向こう約半世紀にわたって、日本イエズス会教会は拡大の一途をたどった。そしてこの布教実績の上に立って、日本にポルトガルの布教保護権が及ぶ旨、法的に定められた。ポルトガルの海外発展に伴って、同国国王を保護者とする司教区が順次各地に設けられていった。すなわち、一五三四年ゴア司教区、一五五七年にコチン司教区とマラッカ司教区、一五七五年マカオ司教区と続いた。そしてこのマカオ司教区の設定を決めた一五七六年一月二三日付けグレゴリウス一三世大勅書には、当司教区に含まれる地域が列挙してあるが、そこに日本が含まれている。つまり、日本のキリシタン教会にポルトガル国王布教保護権が及ぶこと、従ってその保護者がポルトガル国王であることが、ここに教皇文書によって確定したことになる。この事実は、日本の帰属という観点から見て重要な意味を持つ。イベリア両国間での異教世界二分割領有論は、教俗一体の性格を持つ。教俗が別個にそれぞれ二国のいずれかに帰属する、ということはありえない。日本教会が、ポルトガル国王を保護者とするマカオ司教区に包含されたということは、単に教会組織の問題にとどまるものではなく、日本が潜在的にポルトガル領になったことを意味する。歴史的に日本に限定すれば、それは布教権と貿易権だけの問題であったかのように見えるが、デマルカシオンの本質はこの二つに限られるものではなく、あくまで潜在的領有を意味したことを、銘記せねばならない。なお天正一六年(一五八八年)には、同じくポルトガル布教保護権下に府内司教区(現在の大分市)が設置された。名称は府内司教区であるが、日本教会全体を包括するものであった。これは教会組織上、日本がマカオから独立したという意義を持つものであるが、日本の帰属という点では、先の一五七六年のマカオ司教区創設による決定の再確認でしかない。

右に述べた異教世界二分割領有論と、海外布教とイベリア両国王室とを結びつけた布教保護権とは、キリシタン史の基底をなす原点とも言うべきもので、ここから実にさまざまな問題が派生した。この点を度外視して、キリシタン史を〝救い主への共通の愛によって結ばれた信徒の共同体である教会〟の歴史、と把握するだけでは、歴史の重要な一面が欠落してしまう。

日本の帰属の問題であるが、右に記したことですべて決着をみたわけではない。スペイン側は日本がポルトガル領(潜在的なものではあるが)となったことに対して、手を拱いて傍観していたわけでは決してない。東半球には明確な境界線が引かれていたわけではないから、スペインの教俗関係者が異を唱えようと思えば容易に出来るわけである。キリシタン史は一面、ポルトガルを背後にしたイエズス会士と、スペイン系の托鉢修道会(フランシスコ会・ドミニコ会・アウグスチノ会)に所属する宣教師たちとの間の、対立抗争の歴史とも言える。確かにこれは、布教に当たって日本人社会にどう適応するか、といった布教方針の相違に起因する争論といった一面もあるが、実はそこに第一義があったわけではなく、政治的背景あっての勢力争い、といった色彩が濃いように思う。その場合ポルトガル＝イエズス会側は、日本における自己の立場の正当性を強調すればよいのに対し、そこに途中から割り込む形になる托鉢修道会の方は、自己の正当化が必要であった。正当性の淵源は、やはりローマ教皇にある。

托鉢修道会士の日本渡来と布教は、スペイン船の日本漂着、西国大名の貿易目当ての勧誘、豊臣秀吉の対フィリピン外交などに乗じたものであったが、その経緯がどうであれ、彼らが教皇から許可を得る以前に、日本布教活動に入ったことは事実である。それは確かに、カトリック世界の国際秩序の原理を否定する行為ではあるが、しかしその一方で、彼らも日本における自己の活動を正当化する証を、教皇から得ようと努力したのであるから、その意味で教皇の役割はなお有効に生きていた、とも言える。それでは、スペイン＝托鉢修道会側はその正当化に当たって、主として何をもってその論拠としたのであろうか。第一に、イエズス会士はその布教政策の誤りにより、日本の権力者によって活動を禁ぜられ、従って日本人信徒は司牧者を欠き信仰面で危険にさらされている。それに反して托鉢修道士は日本側から布教を求められ、その許可を得ている、と主張した。つまりイエズス会士の日本での活動は、日本側の禁ずるところとなったので、彼らイエズス会士のみを日本布教者と認定したローマ教皇の決定は、もはやその効力を失った、というわけである。第二に、先に述べたごとく、大西洋上に定めたデマルカシオンの線を東半球にまで延長させると、マラッカの上を通り、従って日本はスペイン領に入る、ということも主張した。右の第一点は、後述する秀吉のキリシタン禁令などを指しているのであるが、こういった論議を逐一取り上げて、その妥当性を検討することはあまり意味がない。さらに言えば、日本という〝布教地〟の争奪戦に対して教皇が決着をつける上で、このような〝理論闘争〟がどれほど意味があったか疑わしい。それよりも現実には、スペイン王室とローマ教皇庁との関係、托鉢修道会の日本における布教実績、そしてさらに広い視野に立てば、なしくずしに進められた東インド(ポルトガル領)と西インド(スペイン領)との間の貿易の拡大といった現実の前に、従来のデマルカシオン秩序の堅持が実情にそぐわないものになりつつあった、といったことなどにより、教皇庁は段階的にスペイン＝托鉢修道会の言い分にくみした意思決定をするようになる。これに関するその後の推移は、先にいって述べる。

第二章　ザビエルによる日本開教

イエズス会創始者イグナティウス・デ・ロヨラも、同じくその創設に参画し、そして日本に初めてキリスト教を伝えたフランシスコ・ザビエルも、共にスペインのナバラ王国出身で、しかもパリで同じサンタ・バルバラ・コレジオに学んだ。このコレジオは神学・人文学の面で重きをなしていた学院であって、ポルトガル国王ジョアン三世から援助を受け、多数のスペイン人やポルトガル人の生徒が学んでいた。同国王がこのコレジオに財政援助をしたり、優秀な生徒たち、それも特にポルトガル人に奨学金を給付したりしたのは、自らの務めである海外布教のための人材を養成する狙いからでもあった。一五三四年ロヨラをリーダーとする七人の生徒たちがモンマルトルにおいて、エルサレム巡礼を行なうことを誓った。結局この誓いを果たすことは出来なかったが、三七年にローマに赴き、そこで彼らは教皇以下教会関係者の注目を集めた。教会内に反対意見もあったが、一五四〇年教皇パウルス三世は、ロヨラの申請を受け入れて新しい修道会イエズス会の創設を認可した。

一方ポルトガル国王ジョアン三世は、ロヨラとその仲間たちのことを知り、彼らが東インドでの布教に起用しうるだけの資格を備えていることを確認した上で、彼らをリスボンに招いた。その結果ザビエルら三人がリスボンに赴くことになった。そして翌一五四一年ザビエル一人が東インドに向け、リスボンを発った。インドには古くキリスト教が伝えられたことはあったが、大航海時代に入ってポルトガル領インドに初めてキリスト教布教を行なったのは、聖三位一体会に所属するペドロ・デ・コヴィリャンであった。彼はヴァスコ・ダ・ガマに同行し、一四九八年カリカットの近くに上陸した。ただし、彼のインドにおける活動については、ほとんど何も分かっていない。彼につづいて、一五〇〇年のポルトガル船で教区司祭(在俗司祭、すなわち修道会に所属しない司祭)とフランシスコ会士たちが、カリカットに着いた。布教はまずコチンと南部マラバール地方から始められた。その後も、フランシスコ会やドミニコ会の宣教師がインドに渡り、布教が展開した。一五一〇年アルブケルケがゴアを占領して後、インドにおけるキリスト教会は、組織面で一段と強化された。ゴアはインド副王庁の所在地となるが、そのゴアに一五三四年に司教区が設置されたことは、先に述べた通りである。ザビエルはインドに渡るに当たり、ポルトガル関係者から、インドにおける布教見通しの大変明るいことを聞かされていた。ポルトガル国王は彼に向かって、インドでは社会の上層階級の布教に努力を傾注するよう、指示した。ペスカリア海岸地方における政治的混乱に乗じて、フランシスコ会士の布教が急進展していたために、一五四二年インドに着いたばかりのザビエルは、同地方に赴いた。インドにおいては、ポルトガル人の統治者と教会側との間には、いろいろ複雑な問題を抱えていた。ザビエルも布教に当たり、世俗権力に依存することに躊躇したわけではないが、インド人の大量改宗については、信仰の内面的浸透という点で、満足はしていなかった。現地語で布教活動が出来る原住民聖職者の養成という面でも、一五三四年に最初の司祭叙品を見たが、なおその人数はごく限られていた。

ザビエル渡来後は、インドにおけるキリスト教布教において、イエズス会が指導的立場に立つことになった。ザビエル自身は、インド南部から一旦コチンとゴアを訪れた後、一五四五年にマラッカとモルッカ諸島に赴いた。そしてその後のインド布教は、ザビエルにつづいて渡来したイエズス会士たちにより、継承されることになった。四五年三人のイエズス会士がゴアに到着したが、そのうちの一人がニコロ・ランチロットであった。彼はその後ザビエルが来日する上で重要な役割を果たす。

ポルトガル勢力の進出にともない、セレベス、モルッカ諸島等南方の島々へのキリスト教布教に着手したのも、まず最初はフランシスコ会士であった。ザビエルは一五四六年モルッカ諸島のいろいろな土地で布教に携わり、そこの布教について明るい見通しを抱いて、四七年マラッカに戻った。その頃には彼は、東アジアに広がる、信仰面で未開拓な、広大な土地についての情報を得、関心が強まっていったようである。日本がその一つであった。彼はマラッカにおいて、〝信仰面でインドよりはるかに有望な国〟日本についての噂を耳にしたが、そこで日本人アンジローに出会い、その人となりを知るに及んで、このことを確信した。ザビエルは一五四八年一旦インドに戻るが、折からインドにおける宣教師をめぐって不幸な出来事が重なったりしたため、日本布教に対する彼の期待は一段と高まったようである。四九年四月彼は日本に向けコチンを発ち、途中マラッカに寄って、一五四九年八月鹿児島に上陸したことは周知の通りであるが、彼に日本布教の決意を固めさせたのは、前出の日本人アンジローとポルトガル商人ジョルジェ・アルヴァレスから得た情報であった。

アンジローは薩摩出身の商人であったらしい。この当時日本人の海外活動ことに南方進出はまことに目覚ましいものがあり、アンジローなる人物がマラッカでザビエルに出会ったのも、何ら異とするに足りない。アンジローは前もってアルヴァレスから、ザビエルのことやキリスト教のことなどについて、教えられていた。またザビエルとも直接ある程度は意思の疎通が出来るだけの、ポルトガル語の知識を備えていたようである。彼は一五四八年三月ゴアに行き、そこのコレジオでキリスト教教理を学んだ上で洗礼を受けた。コレジオで彼の指導に当たったイタリア人イエズス会士ランチロットが、彼から聴取した話を基に四八年夏ゴアにおいて編纂した『日本情報』が、二種伝存しており、これを通してザビエルがアンジローからいかなる情報を得たかが分かる。

第一に、日本の政治体制についてである。特に将軍が天皇の委任を受けて日本全土を統治している有様が説かれている。後にザビエルが、来日後直ちに天皇謁見を希望したのは、このような情報に基づいてのことであった、と言ってよいであろう。第二に、中国と日本との関係についてである。

両国間の文化的つながり、とくに仏教が中国を経て日本に伝わったこと、中国と日本との交易関係などについて、ザビエルは了解出来たはずである。これなども、後に彼が日本滞在を終えて、中国布教の重要性を痛感してそれを実行に移そうとしたことの伏線になっていると言えよう。第三には、日本の仏教界の悪習についてである。ランチロット編『日本情報』は、その多くの部分を日本の宗教の説明に費やしているが、仏教思想について語ることなどアンジローに出来るはずはなく、その記述は従って皮相的なものに限られ、仏僧の生活ぶり、それもとりわけ彼らの悪徳に満ちた生活が強調されている。ザビエルは後に日本から書き送った書簡には、当然のことながら仏教について記述しているが、既に来日以前から或る先入観を持っていたと言えるかも知れない。

右のアンジローは、ザビエルに対する重要な情報提供者であるが、ザビエルはいま一人ジョルジェ・アルヴァレスからも情報を求めた。彼はその請いにより、恐らく一五四七年にマラッカで『日本報告』を執筆した。アルヴァレスは、当時大陸沿岸で活躍したポルトガル人貿易商であり、カピタンをも務めた。彼は一五四六年に何カ月間か日本に滞在したが、その『日本報告』は、来日経験を持つヨーロッパ人が書いた、恐らく最初の日本見聞録と言えよう。内容は、日本の地理・気候・動植物・農作物・衣食住・国民性・風俗習慣・社会制度・宗教（仏教と修験道）等多岐にわたっている。新鮮な感覚と鋭い観察力でこれらの記述をしている点、アルヴァレスは相当な教養の持ち主であったことを窺わせる。

ザビエルは、同僚のイエズス会パードレ(司祭)コスメ・デ・トーレスとイルマン(修士)のファン・フェルナンデス、それに先のアンジローその他を伴って天文一八年七月二二日(一五四九年八月一五日)鹿児島に渡来した。そこには翌一五五〇年八月末まで滞在した。領主は島津貴久であった。当時領内は、以前に比べ落ち着きを見せてきていたとは言っても、なおさまざまな勢力との対立抗争に苦慮するところ大きく、将来についても不安があった。それだけに、国外の諸勢力との友好関係や交易に心を配ったと言える。坊津という良港に恵まれたこともあり、歴史的に島津氏は明との勘合貿易に積極的に参加して、大いに利益を上げたが、琉球との関係も深め、琉球貿易について常に優位に立った。朝鮮に対しても同様に友好関係を保ち、貿易を行なった。このように海外に対して心を開き、貿易により富の蓄積がなされていた島津氏の領内には、中央の文化も流入していた。禅宗は一四世紀末頃から、盛んになり、禅寺の建立も相次いだ。後にザビエルがよく訪れた福昌寺は、応永元年(一三九四年)に創建されたものであり、島津元久が熱心に帰依した。南九州からは、足利学校に学んだ僧も多かった。文明五年(一四七三年)明から帰朝した禅僧桂庵玄樹も、応仁の乱を避けて肥後に来ていたところを、島津忠昌に招かれて鹿児島に移り、島陰寺桂樹院に住して講説を行なった。この学統は、後に朱子学の薩南学派を形成し、月渚永乗・文之玄昌などの優れた学僧を輩出した。ちなみに、ポルトガル人の種子島渡来を伝えるわが国最古の文献『鉄炮記』を著述したのは、この文之玄昌である。

このような土地柄の鹿児島にザビエルが上陸したのは、彼にとって幸いであったと言うべきであろう。領主の貴久はザビエルを厚遇して布教を許し、家臣に対してもキリシタン入信を許可した。しかしザビエルの第一の目的は、上京して〝国王〟すなわちザビエルの考える国の主権者から許しを得て、指導者層を入信させることにあったので、貴久にそのための助力を願った。貴久は京都の荒廃を理由に、それを断念するよう勧めた。結局ザビエルの熱心な希望に口では応じたが、その約束の履行を延ばした。貴久の側にも思惑があったのであろう。ザビエルは鹿児島から京都に直行することが出来ず、貴久の仕立てた船で平戸に赴く。そこでも領主松浦隆信から大いに歓迎され、布教を許可された。貿易船を誘致したい、といった思惑から出た行為と見てよいであろう。もちろんザビエルは、平戸のような所で細々と布教を続ける気持ちはなく、また貴久と違って松浦隆信には、彼を京都に送り届けて天皇に謁見する便宜を図る力もないことを知ったので、平戸を発ち、山口を経て京都に上った。辛酸をなめた旅を続けた末、天文一九年一二月(一五五一年一月)念願の京都に着いたが、一行はそこにわずか一〇～一一日間滞在したに過ぎなかった。荒廃し切っていたことが理由である。上京の最大の目的は、言うまでもなく後奈良天皇に拝謁し、布教の許可を得ることであった。だが彼は、一旦は御所の門を訪ねはしたが、天皇に謁見したいという希望をすぐに放擲してしまう。その現実にいたく幻滅したからである。ザビエルはわずかな日数の京都滞在中、その街角で説教をしたが、ほとんど嘲笑と投石を浴びただけであったという。『言継卿記』や『御湯殿上日記』といった同時代の良質の記録には、このザビエル一行に関する記事は見えない。遠来の珍客も京都ではあまり話題にならず、人の注目を惹くこともなかったようである。ただザビエルは、旅の途中で知り合った或る日本人からの紹介状をたよりに、上洛の途中、堺で日比屋了珪を訪ねており、これが縁となって後に日比屋は、京都で教会活動をしていたヴィレラを招いて一家を挙げて改宗し、上方のキリシタン教会の一大支柱となった。

京都に失望したザビエルは、その後一旦平戸に立ち寄った上で再度山口に行き〝国王〟に献上するつもりであった進物を大内義隆に贈って布教の許可を求め、義隆はその請いを容れてその旨公布した。初期キリシタン布教に大いに活躍した、元琵琶法師ロレンソが入信したのは、この時であった。ザビエルの山口逗留も五カ月を過ぎた頃、豊後の沖浜にポルトガル船が着いたのを機に、豊後領主がザビエルに対し、府内に来てほしいという手紙を送った。ザビエルは山口を後に豊後に向かい、領主大友義鎮に会った。義鎮は直ちに布教の許可を与え、時期が来たら自ら信徒になろう、と言ったという。ザビエルは天文二〇年一〇月(一五五一年一一月中旬)豊後を発ち、インドに向かった。

彼の日本滞在は二年三カ月ほどの短期間であり、改宗に導いた信徒数も、一〇〇〇人にも充たなかったようである。歴史的に見てその残した足跡・意義という点で、後続の例えばヴァリニャーノ等とは、比較すべくもないであろう。しかしザビエルは何と言っても、初めてわが国にキリスト教を伝えた〝開山〟であり、しかも彼自身後にカトリック教会で聖人に列せられ、崇敬の対象になっているところから、実際の意義以上にクローズ・アップされがちである。

ここでザビエルによるカトリック日本開教に関連して、いくつかの問題点を取り上げてみたい。第一に布教方法についてである。布教をするには教理書を必要とするが、彼は日本で二種類の教理書を用いたようである。㈠は、ザビエルがインド・モルッカ諸島・マラッカなどで使用した『信仰箇条』を基に、アンジローが恐らくゴアで日本語に訳したものである。ごく初歩的・基本的な教義と、いくつかの祈りの詞などから成っていたようである。訳者がアンジローということもあり、内容的にいろいろ問題があったであろうと推定出来る。その訳文によって説教したところ、人々の嘲笑を浴びたと言う。

㈡はザビエルが鹿児島到着後に作成し、やはりアンジローが訳したものである。この方は、右の㈠よりかなり詳しい教理書であったようである。㈠と同様この㈡も伝存していないので、内容を明確にすることは出来ないが、ザビエルがモルッカ諸島で一五四六年に作成した教理書から類推して、それは、天地創造・人祖の堕落・キリストの生涯・十戒の解釈・最後の審判といった内容であったようである。ただ、アンジローによるこの訳文には、キリスト教の神の概念を伝える語として「大日」を充てるなど、仏教用語が使用され、ザビエルがこれを用いて布教を行なうに当たり、混乱も生じたようである。この「大日」については、アンジローが真言宗について多少知識があったところから、その根本仏である大日如来の語で神概念を伝えようとしたもので、キリスト教的概念の全くない日本で教理説明をしようと思えば、既成の概念を援用するという段階を踏むのは止むを得ぬ次第で、またそのためにザビエルら宣教師が、日本の仏僧との間に対話・宗論を行なう契機を持つことが出来た、という利点もあったであろうが、結果的にキリシタン教会は、仏教語を媒介とする布教方法を間もなく放擲する。

すなわち、ザビエル自身日本滞在の最後には「大日」使用の誤りに気付いてこれを「デウス」に改めたが、その後インド管区長であり老練な神学者であるヌネスは、一五五六年日本の布教状況を視察し、その際「ホトケ」「タマシイ」などの仏教語を使用してキリスト教を説くのは誤解を招くということを指摘して、「デウス」「アニマ」「スピリツ」などの原語を使用するようにした。さらにガゴも、仏教語に限らず、不用意に日本語・漢語を使用することが危険であることに気付き、同様に原語を用いるべきことを主張した。このような気運の高まりの中で、ヌネスはその日本滞在中(弘治二年〔一五五六年〕)に、先にザビエルが鹿児島で作成し、アンジローが邦訳した教理書に代わるものをポルトガル語で書き、山口でザビエルから洗礼を受けたロレンソが、それを日本語に訳した。これは二五章から成るので、『二五箇条』と呼ばれた。ここにキリスト教概念を表す語について原語主義が確立し、その後しばらくの間本書は日本布教に広く使用された。ただし、神概念の日本語表記について付言すると、イエズス会士の日本の文物への適応政策の一環としてであろうが、その表記に適切な日本語を模索することはその後も続き、「天主」「天道」等の語は一部の書物で使用された。しかし一般には、この点原語主義が確立した。とにかくザビエルは日本語が出来ず、アンジローが訳した信仰箇条・教理書をローマ字で読むか、または一緒に来日して鹿児島滞在中に日本語を習得した、イルマンのフェルナンデスが説教する傍らに立つだけであったようである。

第二に、ザビエルによる開教とそれに続く初期における、宗論の問題である。ザビエルはもちろん日本の宗教について強い関心を持ち、積極的に接触を求めたようである。当然そこに論争すなわち宗論が展開したわけで、ザビエル自身そのことを書き伝えている。ただ右に記した通り、ザビエル一行の日本におけるキリスト教布教自体が、そう立ち入った説教の出来る状況ではなかったので、それに基づいて闘わされた宗論も、おのずから限界があったと言わねばならない。事実ザビエルが伝えているところによると、その宗論は、絶対的人格神を教義の根幹に据えるキリスト教の宣教師として、当然のことながらまず第一に説いた天地万物の創造の話に関し、日本の仏僧たちがその矛盾点をつく、といった程度のものであったようである。ザビエルは一方で仏僧の倫理的堕落を激しく非難し、そして宗論には勝ったように報じてはいるが、自分たち宣教師の説教に対する日本人の舌鋒の鋭さには相当こたえたようで、今後来日する宣教師は、日本人の投げ掛ける疑問に明快に答えることが出来るだけの、深い学識を備え、弁舌に長けた人物でなければならない、とイエズス会総会長に書き送っている。

初期における日本での宗論としては、山口の宗論に触れなければならない。前述の通りザビエルは、二度目の山口滞在ののち豊後に向かって発つが、その後山口には、同僚のパードレ・トーレスとイルマン・フェルナンデスが残って布教活動を続けた。その間彼らと仏僧たちとの間で激しい宗論が闘わされた。彼ら宣教師はそれを書簡に記述している。そこでは、日本語に堪能なフェルナンデスの存在や日本人の改宗等あり、ザビエルの時よりは、はるかに立ち入った論争が行なわれたようである。ただし、この宗論について明確にする上での決定的な難点は、争論の一方すなわち宣教師側の記録しか伝存していないことであり、そのためこの問題について、先入観にとらわれない立場で論ずることは無理であろう。いま宣教師たちの書簡により、この時の宗論で取り上げられた事柄を見てみると、次の通りである。人間に備わった霊魂・理性について、霊魂を罰するインヘルノ（地獄）について、デウスとは何か、デウスは万物を創り一切を統治し万物に存在を与えること、悪魔とその誘惑の意義、善悪を識別すべき人間の理性・意志、全世界の創造主にして救い主であるデウスの教えが、今日まで否今日なお世界の凡ての地にのべ広められないのは何故か、等。こういった事柄をめぐる論争は、キリシタン布教の歴史を通して頻繁に行なわれており、開教当初において既に、その後の宗論の輪郭が出来上がっていた点興味深い。

第三に指摘すべきことは、ザビエルにして既に付着していた大航海時代のカトリック宣教師の体質である。イベリア両国は教俗一体化して国家的進出をしたことは、先に述べた通りである。そして在日キリシタン宣教師たちがいかに貿易と癒着していたかは、先にいって記述する。そのようなキリシタン宣教師の体質をザビエルも備えていた、ということを指摘することが出来る。後にキリシタン宣教師は、貿易の仲介斡旋行為を行なう。ザビエルは日本に二年余りしか滞在しなかったのであるから、もちろん現実に日本でその種の行為をしたわけではない。しかし彼は、日本で今後展開されるべきポルトガル貿易について強い関心を抱き、いろいろそれに関する具体的な指示を関係者に与えている。彼はゴアのポルトガル植民当局のもとに届くように、日本で高値で売れ莫大な収益が約束される商品のリストを送り、しかも堺に商館を設けるよう勧告している。彼はマラッカの長官に対しても、堺は日本中の金銀の大部分が集まるところだからと言って、そこに商館を設置すべきことを書き送り、もしも自分を日本に送る商品の代理商人にしてくれたら、一のものを一〇〇以上に殖やしてみせる、これを布教手段にすれば、一で以て一〇〇の布教成果が得られる、と述べている。さらにザビエルは、日本に渡航するに当り、マラッカ長官から最良の胡椒《こしょう》三〇バールの贈与を受けた。約五七〇〇キロである。ザビエルの伝える中国における相場によると、これだけの胡椒はおおよそ一〇〇〇クルザド(ドゥカドと同価値で、ともにポルトガル人が使用した通貨単位である。その価値は変動もあり、確定は困難であるが、おおよそ一クルザド銀一〇匁としておく)に相当する。当時の日本での胡椒の価格は不詳であるが、ザビエル自身この胡椒が一〇〇〇クルザド以上もの売り上げになった、ともとれる記述を遺している。とすると、中国における価格と大体同じであったことになる。ザビエルがこれほど大量の胡椒を船に積んで来たのは、ありえないことだとして、マラッカで売却して、かねにして一行が日本に来たのではないか、との説もあるが、しかしザビエルの書簡にはそれを窺わせるような記述はなく、それどころか、彼はゴアにいる同僚に宛てた書簡の中で、日本に来る船に積む胡椒は、八〇バールまでに抑えるよう指示を与えており、彼自身先の三〇バールを現に日本に持って来て売り、経費に充てたという蓋然性が高い。商品を日本にもたらして売り、布教経費を賄ったこと、貿易の仲介斡旋をして布教手段としたい、といったような言動を見せていることなど、ザビエルはまさに後続のキリシタン宣教師の体質を既に備えていた、と言ってよいであろう。

第四に、ザビエルは日本を去る際に、二人の日本人をヨーロッパに留学させるために伴ったことを、特記しておかねばならないであろう。そのうちの一人マテオは途中病死したが、もう一人の鹿児島出身のベルナルドの方は、無事ローマに到達し、学問をした。日本人のヨーロッパ留学第一号である。キリシタン時代に限っても、その後ローマへの留学生は何人か続くが、それぞれ帰国後歴史にその足跡を留めている。それに対し、このベルナルドは帰国しなかったこともあり、初めてローマに留学した日本人だという外は、歴史上特筆すべきものはない。彼はザビエルが鹿児島に上陸して後、最初か二番目に洗礼を授けた青年であったという。その日本名を記した史料もないようである。受洗後は、ザビエルのそばを離れず、彼に従って京都まで行った。ザビエルが一旦インドに帰ろうとした時、日本人を五人連れて行くことにした。そのうちベルナルドと山口のマテオの二人は、インドからさらにポルトガルやローマにまで行くことを望んだ。マテオはしかし、一五五二年ゴアで死亡した。ベルナルドの方は、五三年九月リスボンに着き、翌五四年コインブラでイエズス会に入会した。五五年一月ローマに到着し、ロヨラにも会っている。コレジオ・ロマーノで学んだが、そこの経営状態の都合で五五年一〇月ベルナルドを含む各国の学生一二人ほどがローマを発ち、ポルトガルに向かうことになった。五六年二月リスボン着、そこからコインブラに送られ、同地で学問を続けたが、一五五七年の多分二月に病死した。

第三章　初期キリシタン布教

ザビエルが日本を去った後の教会活動について、簡潔に記す。まずイエズス会宣教師の人数であるが、天文二〇年(一五五一年)ザビエルが立ち去った後には、トーレスとフェルナンデスの二人が残った。その後永禄三年(一五六〇年)には在日イエズス会士は八人(永禄三年一〇月(一五六〇年一〇月)にはこれが六人に減少)、元亀元年(一五七〇年)には一一人であった。トーレスとフェルナンデスは、ザビエルが去った後の山口に残って、活動を続けた。山口ではその直後陶隆房(後に晴賢)の謀反により領主大内義隆が自害し(天文二〇年九月一日)、翌年晴賢が大友義鎮の弟晴英を大内氏の嗣に迎え、義長と改名させた。この大内義長がトーレス等に大道寺の創建を許可して与えたのが、有名な大道寺裁許状である。稚拙な木版刷で、一五七〇年コインブラ版イエズス会士書簡集に初めて印刷され、その後七四年ケルン版、一五九八年エヴォラ版の各書簡集にも収載されている。恐らく裁許状の写が古くイエズス会士によってヨーロッパに送られ、これらの書簡集に日本語原文に訳文を付して掲載したものであろう。日本文がヨーロッパの印刷物に載った最初の例である。この問題に少し触れておく。まず裁許状そのものの文面を示す。

周防國吉敷郡山口縣大道寺事、從二西域一來朝之僧、爲二佛法紹隆一可レ創二建彼寺家一之由、任二請望之旨一、所レ令二裁許一之狀如レ件

天文廿一年八月廿八日〔一五五二年九月一六日〕

周防介　御判

當寺住持

前記のイエズス会士書簡集には、右の原文の木版刷りを掲載し、併せてその行間に訳文を載せているが、この訳文を重ねて邦訳すると、次の通りである。

「周防国・長門国・豊前国・筑前国・安芸国・石見国・備後国・備中国の公爵は、大道寺《ダイドージ》――大いなる天の道――を、己れの意思により世界の果てまで聖人にする法を説くために来た、西方のパードレたちに与えた。これは大都市山口にある地所である。併せて、そこにおいては、何人も殺されたり捕えられたりすることはない、という特権を付与した。これをわが継承者たちに明らかにするために、彼はこの特許状を授けた。何時までもその所有権が奪われることのないようにするためである。いま国を治めている国王の天文の治世の二一年第八の月の二八日。公爵、名をダイディキボサト(Daidiquiboçat)、署名。そこに居住する修道院のパードレ。」

裁許状原文の方であるが、周防介すなわち大内義長が当寺住持すなわち宣教師――恐らくトーレ

スー――に対し、大道寺の地所を教会用に下付したことは疑いない。イエズス会士がこの裁許状をヨーロッパに送るに当たって添えたものと思われる右の訳文を原文と照合すると、それが裁許状の正確な訳でないことは、一見して明らかである。このような訳文が添えられたことの意味を、一応考えてみる必要がある。

まず、訳文の冒頭に連記されている八カ国については、自害した義隆が守護をつとめた国名を並べたものらしいが、義長を強大にみせるための、肩書き詐称の感がある。もっとも、天文二〇年八月二九日(一五五一年九月二九日)付け山口発トーレスの書翰にすでに、義隆がザビエルに対し、宣教師の保護を命じ布教を許可した文書を下付し、一修道院《モステイロ》を与えたことが記されている。しかし義隆の時代には現実にその教会が創建されたわけではなく、義長がその趣旨を再確認するための裁許状をトーレスに下付したものと判断すれば、この点も悪意とばかりは言えない。また原文書には僧・仏法・寺・住持といった仏教用語が使用されているのに対し、訳文は聖人・パードレ・修道院といった教会用語が用いられている。裁許状原文に仏教用語が使用されているのは、未だ日本における使用用語の問題についても決着がついていない来日直後のキリシタン宣教師に対し、大内氏がキリスト教用語を用いた裁許状を下すなど、ありえないことで、〝仏教〟の名によって許したのは、とくに異とするに足りない。またこのことをもって、キリシタンがここで仏教の一派と思われていた、と速断することも出来ないように思う。また大道寺内には警察権が及ばない、といった趣旨の文言が、訳文には見えるが原文書には記されていない。文書には記述されていないが、何らかの手段で義長の意向が教会側に伝達されたということも考えられよう。だがそれよりも、これはアジール権のことだと解すべきであろうが、そうだとすると日本国内の問題に留まらなくなる。罪人もそこに逃げ込めば追捕を免れるというものである。このアジール（緊急避難所）の歴史は古く、しかも世界の諸民族にその跡を辿ることが出来るようだ。中世ヨーロッパにあっては、教会もその機能を果たした。もちろんイベリア半島においても同様であり、大航海時代それが海外布教地に及ぼされた。ポルトガル圏の東インド各地の教会においても、このアジール権が備わっているものと見做され、その実際の運用をめぐって植民当局が法規を定めている。後にイエズス会教会領長崎において殺傷事件が起こった際も、当事者が教会に逃げ込んだために、教会の聖域が侵されるというトラブルが生じたが、結局長崎の有力者たちが、教会内のアジール権を守ることを誓って事態を収めたこともあった。中世日本の寺社においても同様であった。山口の大道寺が特例であったわけでは決してない。ただ、日本における領主公許の教会として記録上最初のものであり、現に義長から明確な形で認められたか否かは明らかではないが、宣教師として教会の当然の権利であるアジール権のことを訳文に明記するのは、日本におけるカトリック教会の立場をヨーロッパの関係者に誇示するためにも重要なことであったに相違ない。

なお山口の教会のその後であるが、天文二三年（一五五四年）には毛利元就の謀反により領内が混乱に陥り、義長は弘治三年(一五五七年)に自刃、山口教会は離散の憂き目を見る。トーレスは活動の本拠を豊後府内に移した。永禄二年(一五五九年)反キリシタンの松浦氏による平戸・博多の迫害が激化し、在日イエズス会士全員が、期せずして府内に集結することになった。豊後では大友氏の好意を得、また貿易商人で医学の知識があったルイス・デ・アルメイダのイエズス会入会もあったが、布教は必ずしも順調に進展したわけではなかった。

このような中にあって、ザビエル以来の、日本の〝国王〟や指導者層を教化しようという志はその後も受け継がれ、永禄二年トーレスはヴィレラとロレンソを京都に派遣した。翌永禄三年(一五六〇年)ヴィレラは妙覚寺で将軍足利義輝に謁見し、次のような制札を許された。

禁　制

幾利紫旦國僧　波阿傳連《パードレ》

一甲乙人等亂入狼藉事

一寄宿事付、惡口事

一相ニ懸非分課役一事

右條々、堅被ニ停止一訖、若違犯輩者、速可レ被レ處ニ罪科一之由、所レ被ニ仰下一也、仍下知如レ件

永祿三年

左衛門尉藤原
〔松田盛秀〕
對馬守平朝臣

これは、室町幕府がいろいろな寺社に与えて掲げたこの種の制札と、基本的に同文であり、幕府としてキリシタン宣教師を別に特別視していたわけではなく、後に秀吉の禁令に見える〝八宗九宗〟、すなわちキリシタンは日本に数ある宗教にもう一つ加わっただけ、といった程度の受けとめ方をされていた、と考えてよいであろう。

一方ザビエル以来キリシタンと所縁の深い堺の日比屋了珪は、都のヴィレラを堺に招き、ヴィレラもそれに応じて、永禄四年(一五六一年)日比屋家を訪ねたりした。後述するがヴィレラとロレンソはその後戦乱を避けて都から堺に移った。了珪がいる限り、宣教師は堺での保護を期待することができた。ただ了珪は商人で、貿易のために時々九州に赴き、堺を留守にしたという。一族の多くはキリシタンに改宗したが、了珪自身は息子の方が先に改宗し、その息子の説得で彼も入信したと言われる。ヴァリニャーノは、了珪は堺で最も畏敬されたキリシタンだと記している。ただし、元和三年(一六一七年)における堺の主なキリシタン民間指導者の名簿には、既に日比屋の名は見えないので、それ以前に滅んだようである。了珪の娘アガタは、小西立佐の長男ベント如清(行長の兄)に嫁しており、日比屋・小西両家は姻戚関係であった。とにかくこの堺の日比屋家は、初期上方キリシタン教会の中心的存在であり、とくに豪商で海外貿易にも関わった点、注目に値する。日本イエズス会は後に記述するように、貿易収入を主たる財源として、上方に輸入商品の販売ルートを持っていたが、このことを考え併せると、日比屋一族のキリシタン改宗の意義は大きい。

永禄六年(一五六三年)には日本人ダミアン、永禄七年末にはルイス・フロイスが都の布教に参加した。ところが永禄八年(一五六五年)に松永久秀の謀反により、将軍義輝が殺害され、宣教師たちは混乱を避けて堺に逃れた。追いかけるようにその直後、キリシタン追放の命令が朝廷から下った。『言継卿記』永禄八年七月五日条に見える「今日三好左京大夫《三好長慶の養子義重》、松永右衛門佐《松永久秀の息子義久》以下悉罷下云々、今日左京大夫禁裏女房奉書申出、大うす《デウス》逐払之云々」の記事は、この時のことを言っており、義重と義久が共に京都を出発して河内に下向するに当たり、禁中に願出、その結果女房奉書により、デウスすなわちキリシタン追放の沙汰が下ったというわけである。松永久秀が背後にあって指図したものであろうが、法華宗僧徒がこれに関わっていたようである。

その後ヴィレラは九州に移り、堺に身を潜めていたフロイスの方は、上方教会を守る努力を傾け、しきりに京都復帰を企図した。永禄一一年(一五六八年)織田信長が足利義昭を奉じて上洛するに及び、上方教会は明るさを取り戻した。この間信長が離京した時に、正親町天皇に仕え禁中に出入りしていた僧朝山日乗の働き掛けで、伴天連追放の綸旨が朝廷から下されたことはあった。『御湯殿上日記』永禄一二年(一五六九年)四月二五日条に「はてんれん《伴天連》けふりん《綸旨》しいたされて、むろまちとの《室町殿》のへ申され候」と見える。これは、この時日乗上人の要請に応えて朝廷から綸旨が下り、その旨将軍義昭に伝達されたことを記述したものである。このように多少の曲折はあったが、総じて信長の時代は、上方のキリシタン教会は大した障害もなく、順調に活動出来たと言ってよい。

第四章　キリシタン教会の布教政策（1）

――原住民聖職者養成の問題――

キリシタン教会の中核をなしたイエズス会の布教政策について、特に日本布教に的を絞って、いくつか問題を取り上げ記述する。まず、イエズス会宣教師は基本的に日本の文物に対する適応を重視した布教政策をとったが、このことに深く関わる原住民聖職者養成の問題について記す。

新大陸で布教に携わってイエズス会ペルー管区長を務め、多くの著作を遺したホセ・デ・アコスタは、布教対象となる非キリスト教世界の諸民族を、その文化的水準の高さにより三つのカテゴリーに分類したが、そこにおいて日本は、中国その他と並んで、文字文化と国家機構を有する最上位に属する国と見做された。ちなみに第二位は、インカのように文字文化は持たないが、国家機構を備えた民族。最下位は、けだもの同然で人間の感情を持たない種族である。イエズス会士のとった〝適応主義〟は、異教文化ではあっても評価すべきものは評価する、彼らの基本姿勢に基づいた布教政策であったことを、認識すべきであろう。日本においても、在来の宗教といった〝敵〟に対しては、徹底的に攻撃の手を緩めず、後に述べるごとく、彼らによる神社仏閣の破壊はすさまじいものがあったが、その宗旨の根幹に触れるようなものでない限り、異文化社会にあって極力現地の文物に適応して、無用の摩擦を避けるだけの柔軟性を彼らは備えていた、と言ってよい。そのことは、同じく日本で布教活動をした他の修道会の場合と対比させると、一層鮮明になる。確かに日本では、中国カトリック教会を揺るがせた典礼論争のごとき問題は、修道会間で起こらなかった。孔子と祖先に対する礼拝儀礼への参加を容認するか否かをめぐる、イエズス会士とドミニコ会士等との間の論争であるが、彼我の社会的事情の違いから、これほど深刻な神学論争は日本では見られなかった。しかし、異文化への適応という点でイエズス会と他会との間に相違があったことは事実で、それに伴って争論も展開している。

適応の問題を取り上げる以上避けて通れない事柄に、原住民聖職者養成の問題がある。これは、布教保護権による布教のあり方や、教会の人種観など、さまざまな問題が関わる。布教保護権については先に述べたが、布教地の教会の背後には、その保護者であるイベリア両国王室が控えているとなると、教会は保護者の利害を無視した行動はとり難いことになる。後述するが一七世紀に入ると、ローマ教皇庁内に従来の海外布教体制に対する批判が強まり、その刷新に向けて新しい体制作りが行なわれるが、その際教皇庁側が指摘した、布教保護権による海外布教の弊害の一つが、原住民聖職者の養成が等閑にされてきた、という点であった。ポルトガルやスペインが、布教地の教会について〝自国の教会〟という意識を抱くことは、利点もある反面、自国から離反することにつながりかねない原住民聖職者の養成という面で、本国も教会も熱意を欠くことになるのは否めない。日本キリシタン教会についても、これはそのまま当てはまる。

次に指摘すべきことは、教会の人種観の問題である。非ヨーロッパ人を教会聖職者として迎え入れるに当たっては、当然この宣教師たちの人種観が影響を及ぼしたことが、考えられるからである。イエズス会日本教会はポルトガル領域圏に入るので、アフリカ、インド等の同教会においてこれがいかに取り扱われたか、という問題と無縁ではありえない。アフリカ西岸においては、ヴェルデ岬諸島、サン・トメ、アンゴラに原住民聖職者養成のためのセミナリオが作られ、黒人やムラト(白人と黒人との混血者)で司祭に叙品される者も比較的多かった。それに反して東岸については、リスボン政府は一八世紀後半になって初めて、モザンビークにセミナリオを設置して黒人・ムラトの司祭叙品をすすめるよう命じた。しかしこの命令すら結局実行されなかった。

ヴァリニャーノは一五八〇年、ポルトガル領インドにおける人種を次のように分類し、それぞれについて、聖職者として教会内に迎え入れることの是非という観点から、評価を与えている。

(一)の1〜4についてであるが、ヴァリニャーノは〝原住民〟という語を、インド人などの褐色人種に限定しており、日本人などは〝白人〟として区別している。そして1については、褐色人種は能力・精神共に劣悪ゆえ、一人も入会させてはならない。2、3共入会は極力抑えねばならない。

(一) インド生まれの者
1 原住民
2 メスティソ(ポルトガル人と原住民との混血者)
3 カスティソ(ポルトガル人とメスティソとの混血者)
4 両親ともポルトガル人である者

(二) ポルトガル生まれの者

特にメスティソについて、それを強調する。原住民の血が濃いほど不可とするわけである。そして、人物についてよく分かった保証付きの者、出生の欠を埋め合わせるだけの徳操を備えた者だけに入会を認めるようにせよ、と主張する。4についても、安易に入会を許してはならない。純粋のポルトガル人であっても、悪徳に充ちた土地に生育したので、一七歳を超え、その人格について確たる証明なしには、許可してはいけない。

次に(二)についてであるが、〝新キリスト教徒〟の血統に属する者は、たといそれだけの能力と人格を備えていても、完全に教会から排除せねばならない、とした。〝新キリスト教徒〟とは、本来はキリスト教への改宗を強いられたユダヤ人及びその子孫を指す。〝新キリスト教徒〟やスペイン・ポルトガルから追放されたユダヤ人が、両国の海外領において特に経済活動の面で侮りがたい実力を貯えていた。この本来の血統に基づく語義が多少崩れてきてはいたが、なお〝新キリスト教徒〟即ユダヤ人という人種的理解が根強く浸透しており、ヴァリニャーノも彼らのイエズス会入会には強硬に反対した。

〝新キリスト教徒〟でない者については、インドに渡来したばかりであればあるほどイエズス会入会に適している、と判断した。ヴァリニャーノはこのように、日本人・中国人は白人として別扱いをしたが、他の有色原住民に対しては明確に差別意識を抱いており、これが原住民聖職者養成の問題に影響を及ぼしたと言ってよい。これはイエズス会に限られるものではなく、他の修道会も同様である。当初若干のインド人や混血者の入会を許しはしたが、その結果が思わしくなかったので、すべての修道会は一六世紀末までには、その入会を拒む方針に切り替えた。各修道会とも一世紀以上この姿勢をとり続けた。少数の日本人・中国人に対しては許可したが、インド人やメスティソを一人前の修道司祭（修道会に所属して司祭の叙品を受けた者）に取り立てることは拒み、どうしても止むを得ぬ場合は教区司祭にした。

海外布教地の教会組織におけるこのような白人優位の思想と実践は、いつまでも続くものではなかった。この点重要な意味を持つのが、一六二二年ローマ教皇庁に布教聖省が設置されたことである。その初代書記官に就任し、二十数年にわたりその地位にあったインゴリは、従来の布教保護権による海外布教の欠陥の一つとして、原住民司祭の養成と叙品とがおろそかになっていることを指摘し、今後布教聖省のとるべき基本方針として、原住民の司教・司祭を努めて養成し、布教と司牧とを出来るだけ彼らに委ねるようにすることを打ち出した。このような気運の中でインド原住民司教が誕生するが、その代表的人物がマテウス・デ・カストロであった。彼はバラモン階級に属し、フランシスコ会コレジオで学んだが、ゴア大司教から叙品を拒否された。その後ローマに行き、インゴリの保護を受けた。一六三五年ローマで司教に叙階されて後、インドに送られ、バラモン階級出身の聖職者の養成に尽力した。しかしその後も永く、インドにおける各修道会は原住民の受け入れを渋った。各修道会がインド人を、ヨーロッパ人と対等の立場で受け入れるようになったのは、一八世紀後半になってからであった。一、布教聖省からの圧力、二、ヨーロッパ人聖職者の不足、三、ポルトガルのポンバル侯の政策によるものであった。

以上述べてきたようなポルトガルの海外進出にともなって見られた人種的障壁は、人種差別、キリスト教の宗教的頑迷と異教への偏見等と関係があろう。日本の問題を考える場合にも、この点を念頭におく必要がある。

ザビエルが日本人のイエズス会入会・叙品について、どのような考えであったかは、直接そのことについて書き遺していないので不明である。しかし彼が日本の文化や日本人の知的水準を高く評価し、日本人を〝白人〟と呼んだことは、一応指摘しておく必要があろう。原住民聖職者の登用には、司教が身近にいることを要する。イエズス会本部では、ザビエルによる開教の直後、ロヨラの時代に既に、日本に司教を送り込むことを検討している。司教派遣は布教保護権が絡んでくるので、イエズス会だけで決められることではないが、既に早い時期から、同会首脳が日本人聖職者登用に対して積極的な姿勢であったことは、特筆してよい。このようなイエズス会本部の見解はその後も継承され、ヴァリニャーノを東インド巡察師として派遣するに当たり、総長は彼に対し、日本人のイエズス会入会促進に向けて尽力するよう、指示を与えた。それが、日本布教にとって益するという判断からであった。ヴァリニャーノは第一次日本巡察中(天正七年七月(一五七九年七月)~天正一〇年一月(一五八二年二月))に日本に幾つかの教育機関を作った。すなわち、豊後府内にコレジオ、有馬と上方にそれぞれセミナリオ、臼杵に修練院(ノヴィシアド)を設立した。これらの教育機関は、その後戦火や迫害等により各地を転々とし、あるいは合併などあって、結局慶長一八年(一六一四年)江戸幕府により禁教令が発せられた当時は、長崎にコレジオ一・セミナリオ一・修練院一があった。コレジオはセミナリオの修了者を対象としてラテン語・良心問題・日本語等を教授し、司祭への道が開かれていたが、主立った学習はマカオで行った。すなわち、同じくヴァリニャーノの尽力によって、マカオにも一五九〇年代前半にコレジオが創建された。これは、当初は日本向けの司祭養成を目的としたものであった。これらはすべて、イエズス会経営の教育機関であるが、この外に日本司教セルケイラが、一六〇一年長崎に教区司祭養成のためのセミナリオ(教区神学校)を創立した。セルケイラはイエズス会士であるから、この教区のセミナリオもイエズス会と関係深く、施設や教授内容の面でイエズス会に依存するところ少なくなかった。このようなキリシタン教会の教育活動は、もちろん単に聖職者養成のみを目的としたものではなく、もっと広く西欧の学問・思想を身につけた、社会的指導者層の育成をも狙ったものであったが、ここでは日本人聖職者の養成に限定して、これらの教育機関の果たした役割について少し述べる。日本人司祭は、慶長六年(一六〇一年)に長崎で二名叙品されたのが最初であるが、キリシタン時代を通して全部で四三人が司祭に叙された(混血者も含む)。もっともこの中には、スペイン領フィリピンで叙品を受けたフランシスコ会・ドミニコ会・アウグスチノ会に属する七人が含まれる。イエズス会司祭は二四人、教区司祭一二人であった。

このうち教区司祭一二人については、イエズス会寄りの者、スペイン系托鉢修道会寄りの者、そのいずれでもなくローマで叙品を受けた者等、さまざまである。キリシタン教会活動における役割という点で、彼らには修道会に所属した――ということはすなわち植民帝国を背景にしたわけであるが――宣教師に拮抗する活躍はとても期待出来ず、教会内で脇役的立場に留まっていたと言わねばならない。

イエズス会士の日本人司祭二四人は、それではイエズス会教会の中でいかなる地位にあったか。イエズス会は、従来の修道会の生活形態を大胆に改め、会員に対し、多年にわたって、信仰・学問の面で徹底的に教育を施し、厳格な指導が行なわれた。会員は入会後、将来司祭職に就くか、平修士になるかによって異なるが、前者は、永年にわたって学問を積み瞑想を深め、その上で司祭の叙品を受ける。つまりパードレ(伴天連)である。イエズス会内の位階では単式終生誓願司祭 formed spiritual coadjutor であるが、このうちの或る者は盛式三誓願司祭 professed of the three solemn vows の位階に昇り、そして更にこのうちの或る限られた者のみが、最高の位階である盛式四誓願司祭 professed of the four solemn vows に昇りつめる。この第四番目の誓願は、修道会員として当然立てるべき清貧・貞潔・従順の誓願に加え、特にローマ教皇への従順の誓いであり、イエズス会特有のものである。そしてこの最高の位階に昇進した会員こそ、イエズス会の中枢を形成し、会の中で統轄的な要職に就任した。

そこでイエズス会内の日本人司祭であるが、確かに二四人が司祭叙品を受けたが、彼らはまず例外なしに低い位階に留まっており、例えば盛式四誓願司祭になった者など一人もいない。歴史的に見て、彼ら日本人イエズス会司祭の足跡として、特記出来るようなものはあまりない、というのが偽りのないところである。彼らは本当に能力が劣ったために、会内で重用されなかったのであろうか。先に述べたようにヴァリニャーノは、日本人の入会と叙品を積極的に進めるべきだと考えたが、日本人の教育という点では、慎重な考えを示した。久しく異教と異教文化に染まってきた日本人に対しては、永い徹底した教育を要する。しかも日本人を教育する場合、ヨーロッパ＝キリスト教文化に対して馴染みの薄い日本人を対象とするがゆえに、それはイエズス会士のみにより、しかも厳選された書物を通してなされる必要がある、という見解を示した。それはともかくヴァリニャーノは、日本人の入会と叙品を推進するという基本方針を確立したわけである。しかし日本イエズス会の中には、このような方針に対して、当初から反対意見が少なくなかった。ロレンソ・メシアというイエズス会士は、ヴァリニャーノと一緒に天正七年七月(一五七九年七月)に来日したが、この件についての考えは、彼とは根本的に異なった。メシアは同七年一二月(七九年一二月)に、次のように記述している。一、日本のキリスト教徒はその本性が非常に悪く、信仰の面でも強固なものがない。自らが熱心に信仰を求めるというより、外部の者が人為的手段により改宗に導いてしまった、というのが偽りのないところである。二、従って以前は、日本に司教が着座すれば日本人を大勢司祭に叙品することが出来ると考えていたが、それが全く不可能であることが分かった、と。更にメシアは同じ日付で、日本人の人となりや習慣について、悪意に充ちた報告をしている。日本人はすべてに表裏があり、真意を内に秘める。嘘つきで誠意がない。恩知らずで、感謝をすることがない。平気で人を裏切る、云々と。来日後わずか五カ月しか経っていないのに、このような評価を下すとは、周囲の同僚からの影響を受けたか、またはメシア自身やはり人種的偏見にとらわれていた、と言わねばなるまい。ヴァリニャーノの第一次日本巡察当時において、このような日本人観を代表する者は、やはりカブラルであったと言ってよい。カブラルは当時、イエズス会日本布教長の地位にあったが、日本人に対する対応の面でヴァリニャーノと意見が対立し、そのためもあって天正九年(一五八一年)布教長の地位を解かれ、その後程なくマカオに転出した。カブラルはいかなる日本人観に基づいて、日本人のイエズス会入会と司祭叙品に反対したのであろうか。一五九六年一二月一〇日付けゴア発の彼の書簡(イエズス会総長補佐宛て)を取り上げる。彼はそのなかで、日本人に対して入会の門を閉ざさないと、イエズス会ばかりか、日本キリシタン教会までも破滅してしまうに相違ないと述べ、その理由として、次のように日本人の欠陥を数え上げている。一、日本人ほど傲慢・貪欲・無節操かつ欺瞞に充ちた国民を見たことがない。日本人社会に見られる出世と飽くなき野望の好例は、明智光秀である。二、日本人のこの国民性は宗教界をも支配しており、生きる上で止むを得ぬ場合以外は、従順を要求される共同生活に耐えられず、すぐに人の上に立とうとする。そのため分派・異端が発生する。三、日本人は心中をさらけ出したり、他人に悟られたりしないことを、思慮深く名誉なことと考えている。このため、親子の間にも信頼関係が存在しない。ヴァリニャーノは日本人を入会させることに熱心であるが、内部で日本人の方が多数を占めると、彼らだけで結束してヨーロッパ人会員を追放し、自分たちが支配的立場につき、分裂をきたすおそれがある。まして日本人会員に学問を施したりすると、このような趨勢は一層強まるに相違ない。彼らはヨーロッパ人パードレをないがしろにし、仏教界のようにさまざまな分派を作るであろう。四、結論として、日本人はパードレはおろかイルマンの地位に留めおくにしても、入会させては弊害が大きい。日本人は同宿として働かせるのがよい。そうすれば彼らはヨーロッパ人パードレに対して害をなすこともなく、説教や雑役にいそしみ、会員になる以上の貢献をすることであろう、と主張した。同宿とは、日本イエズス会の非会員布教要員の中では、主たる働き手であり、説教者として布教の前線で活動したり、教会内の雑役に従事したりした。

右に紹介したメシアやカブラルの日本人観を、ザビエルのそれと対比させると、これが同じイエズス会士かと思えるほどの隔たりがある。もっともヴァリニャーノも手放しで楽観していたわけでは勿論ない。彼も一面右と同じような欠点を日本人に認め、その矯正の必要を感じていたことは、臼杵修練院での彼の講義録(一五八〇~八一年)と見なされる『入満心得ノ事』(仮題)の中で、日本人の欠点として指摘している内容からも分かる。要は矯正の可能性について見解が分かれたと言えよう。つまりカブラルに代表される日本人観は、決して少数の例外ではなかった。それを端的に立証する事柄として、一七世紀キリシタン布教も後期に入る頃、ローマのイエズス会本部は急速に日本人に対する評価を下げ、その入会と叙品についての審査をそれまで以上に厳格にして、門を狭めた。すなわち、イエズス会総長は、一六一一年「ハビアンの堕落(『妙貞問答』の著者イルマン不干斎ハビアンが、女性問題を起こしてイエズス会を脱会した事件を指す)その他、何人かの同宿について経験したことに鑑み、日本人を司祭職に上げる際には深い考慮を払う必要がある」と、日本人の叙品には慎重であるよう日本イエズス会に指示した。翌一六一二年には、日本人イルマンの脱会と追放が相次いでいることを重視し、彼らを充分監視せねばならない、日本人をあまり重用してはならない、日本人は良き説教師(同宿)として働かせるべきで、ラテン語などの学問をさせるのもそれに必要な程度に留めよ、と指令した。そして一六一五年になると、日本人は同宿として働く方が役に立つから、ラテン語学習の意欲を起こさせてはならない、日本人の入会と叙品は、規制を強くして慎重に行なう必要がある、日本管区長のレベルで決定を下し、その上で本部に報告する、ということも稀にはありうるであろうが、原則としてまず本部に判断を仰ぎ、回答を待った上でそれを認めるように、と命じている。入会と会員の昇進は本来、総長の専管であるが、布教活動を広域に展開する上でそれでは支障をきたすので、当初から遠隔の地ではそこの管区長にこの権限を委譲してきたものを、日本管区については、総長の直接管理下に置こうという姿勢を強めたわけである。

日本における教会活動に、日本人の協力が必要だということは認めながら、日本人はあくまでヨーロッパ人に対して従属的・補佐的地位に据え置き、その範囲内で必要な学問を授ければよい、という考えである。本部がこのような方針を打ち出すに至った動機が、在日会員からの情報にあったことはいうまでもない。既に初期の頃から日本イエズス会内部でくすぶっていた日本人蔑視の感情が、教会の拡大に伴って日本人を要員として起用せざるをえなくなったために、その排日感情を一層募らせたと言ってよいであろう。確かにハビアンに代表されるような、醜聞沙汰を起こした日本人会員もいた。一七世紀に入り、特にそれが増加したことも事実であろう。教会規模が拡大すれば、どうしてもマイナス面も大きくなり、表面化する。だがそれは、日本人だけのことでは決してない。ヨーロッパ人会員の中にも、いろいろ問題を起こした者がいた。それにもかかわらず、殊更日本人の問題がそれらの〝事件〟と結びつけて論ぜられるのは、とりもなおさずヨーロッパ人会員の日本人観の反映と見るべきであろう。

右に述べたごとく、イエズス会本部は一七世紀に入って、日本人の入会と叙品に対して徐々に否定的な姿勢に傾き、一六一五年にはその門戸を厳しく制限した。しかしそれでは、その後は日本人の入会と叙品が絶えてなくなったかと言うと、決してそうではない。例えば二四人を数えたイエズス会日本人司祭であるが、一六一六年以降叙品を受けた者が一四人に上る。この一四人のうち、ローマで叙品を受けたことが判明している三人については、問題ないとして、マカオ・マラッカ・フィリピン等で叙品を受けた一一人について、果たして先の総長の指令通り、いちいち総長の指示を仰いで行なったものか、疑わしい。つまり一六一五年に、日本人の入会と叙品については原則として総長の許可を要する、との指令が出たにもかかわらず、その後も布教地においては、従来通り現地の判断でことを進めていた公算が大である。一見不可解に思われることではあるが、これは日本における迫害の激化がもたらしたものと言ってよいであろう。ヨーロッパ人会員が日本に潜入・潜伏して布教と司牧を続けることが困難になり、どうしてもそのかなりの部分を、日本人に肩代わりさせることを余儀なくされたものであろう。ここに、総長の指令であっても無視せざるを得ない事情があった、と言ってよいであろう。それにもかかわらず、日本人で盛式四誓願司祭になった者は一人もいなかったというのは、イエズス会内の日本人の地位を何よりもよく物語っている、と言うべきであろう。

ここでキリシタン時代にヨーロッパに渡った、日本人留学生について少し記してみる。先にも記したことだが、日本人で司祭になった者は、全部で四三人である。しかもそのうちには、潜伏時代用に叙品を受けた者も、少なからずいたと見なければならない。この時代教会は、日本人を立派な聖職者に育てることに、あまり熱心であったとは言えない。それに加えて、日本人がヨーロッパに渡る難儀を思えば、留学生がそう大勢いなかったのも頷ける。教会から全く離れた立場で留学をした者は、いなかったと言ってよいであろう。とすると、イエズス会か托鉢修道会か、それとも在俗の教区司祭かということになる。このうちスペイン系托鉢修道会の手引きで、日本人が留学した事実はないようである。

とするとイエズス会系か教区司祭かということになる。ザビエルが日本を離れるに当たって、ベルナルドを伴ったことは第二章に記した。コインブラのイエズス会コレジオで修学の途中、司祭叙品以前に死亡したこともあり、日本人のヨーロッパ留学第一号ということ以上には、歴史的に特記するほどのことはない。何よりも彼自身の生の声が伝わっていない。

四人の天正少年使節や支倉六右衛門は、ヨーロッパ滞在期間が相当長期にわたったと言っても、修学を目的としていないから、留学生と呼ぶことは出来ない。年代順に挙げるとすれば、次に来るのはトマス・アラキである。彼はドラマチックな生涯を送ったが、その割りには史料が多くない。ほぼ同時代に名前の似た紛らわしい人物がおり、そのために関連する史料が教会史料・オランダ史料・イギリス史料・国内史料にわたる。カトリック教会側にとって恐らく、迫害者以上に憎むべき人物なのであろう、キリシタン史上にきちんと位置付けられることもなかった。しかし彼が日本人として初めて、ローマで司祭(教区司祭)の叙品を受けたということは、やはり特筆せねばならない。並々ならぬ能力と強靱な意志、そして鋭敏な感受性の持ち主であったと評さねばならないであろう。

彼は、生年・生地が不明である。没年も正確には分からない。その名前であるが、彼がローマから帰国の途中マカオで、イエズス会総長アクワヴィーヴァに宛てて書いた、一六一五(原文は一六一四と誤記)年一月三日付けの書簡が伝存している。彼はそこに Pietro Antonio Arachi と署名している。他のイエズス会士の書簡等には、この外に Araqui Tomas とも Pedro Antonio とも記されている。右の自署を尊重すべきであろう。つまりアラキが、日本名として唯一の表記である。その辺の事情を承知の上で〝荒木〟と記すのは構わないが、ただ彼の姓の表記の点でいささか問題があるのは、名前の似た妙な人物が同時代にいたからでもある。「異国御朱印帳」には、慶長一四年(一六〇九年)正月一一日付けで〝キリシタンバテレン《伴天連》トマス〟が、シャム行きの朱印状の下付を受けた旨記されている。また平戸イギリス商館長コックスの日記一六一五年六月三日条によると、スペインのビスカヤ湾岸地方出身のイエズス会パードレ・トマスと称する人物が、商館に出入りしていたようだ。しかし在日イエズス会パードレの中に、該当者を確認することは出来ない。右の二人の〃トマス〃が同一人物か否か不明である。いずれにせよ、右の〃トマス〃と今ここで取り上げているトマス・アラキとが、別人であることは年代的に明確である。それにもかかわらず〃トマス〃が共通故に、とかく紛らわしさが生じる。

彼は恐らく一七世紀に入って直後頃日本を発ち、ヌエバ・エスパーニャ経由でローマに渡った。ローマ・セミナリオで学問を積み、ベラルミノ枢機卿(イエズス会士)の寵愛を受け、そして彼の地で司祭の叙品を受けて帰国の途につき、右に記した通り一六一五年一月三日付けで、マカオから手紙をイエズス会総長に送っている。この書簡には、アクワヴィーヴァに対し謝意を述べた後で、一六一四年八月七日マカオに着き、迫害によって自分の師とも言うべきイエズス会士や日本人が、日本を追われたことを知ったと記す。そしてイエズス会パードレのガブリエル・デ・マトスやペドロ・モレホンが報せる通り、このような時に諸修道会の間で対立し合い、論争を専らにしているが、日本のようなまだ新しい教会にとって、これは最大の躓きとなると訴えている。

トマス・アラキはマカオにおいて、禁教令の発布により日本を脱出してきた、イエズス会日本管区長カルヴァーリョに会っている。カルヴァーリョは禁教原因をめぐって、フランシスコ会士との間で大論争を展開することになるし、また長崎教会分裂の当事者でもある。右の書簡に見えるマトスとモレホンの二人のイエズス会士は、重大な局面を迎え日本の諸事情を本部に報告するために派遣されたが、托鉢修道会対策がその主たる任務の一つであったようだ。アラキは右の書簡で、諸修道会間の対立・抗争の弊害を盛んに訴えているが、彼はマカオに来てみて初めて、その実態を承知したわけではない。彼がまだローマにいた時のこと、いよいよ日本に帰国するに当たって教皇に手紙を書き送ったが、その中で、日本教会は異教徒の王侯の迫害よりも、むしろ内部の分裂により攪乱されている、托鉢修道士とイエズス会士との仲が悪いからだ、と記している。ローマ滞在中に見聞きしたこともあろうがそれより、まだ日本にいる時に実地に体験したことに基づいての発言と見るべきであろう。彼はマカオにほぼ一年滞在し、一六一五年の恐らく八月に帰国したが、このマカオ滞在中に、もう一人の特筆すべき留学生であるペドロ岐部と出会い、彼のその後の進路について重要な影響を与えたのであるから、まことに運命的である。

その当時マカオには日本人の同宿が何人かいた。イエズス会の対日本人政策が、日本人の入会と叙品の点で一段と慎重になり、同宿の身分に据え置く傾向を強めつつあったことは、先に記した。そのような方針を打ち出せば、イエズス会と日本人同宿との関係は微妙になる。ちょうどそこへ、ローマで教区司祭になったアラキが現われて、一つの方向に彼らを引っ張ろうとしたわけである。アラキは彼らに対し、イエズス会を去って教区司祭になるよう勧めた。それだけでなく自分はマドリードで、托鉢修道士たちがスペイン国王に日本征服を企てるよう働き掛けたこと、およびイエズス会士がそれに抵抗したのを知った旨を、語ったという。イエズス会士の抵抗の件であるが、スペイン国王―托鉢修道士のラインの日本征服に抵抗した、という意味に読むべきであろう。諸修道会間の抗争、日本征服への修道会の荷担、日本人同宿を教区司祭に導く――このアラキが説く筋道は一貫しており、明快で説得力がある。現に同宿の内の何人かの者は、イエズス会パードレに仕える立場に満足せず、司祭になる目的でインドに行き、さらにローマに渡った者もいた。はっきり分かっているのがペドロ・カスイ岐部で、彼の地で司祭の叙品を受け、その後イエズス会に入会した。

マカオにおけるアラキの言動は、イエズス会パードレの許で奉仕する謙虚な心を忘れ、司祭職の名誉を望む日本人の傲慢と見做された。ヨーロッパ人イエズス会士の間での、修道士とも思えない派手な人事争いの有様が、一方で記録されているのであるから、日本人だけが難しい要求を突き付けられた嫌いがあるが、とにかくキリシタン布教の初期以来の、日本人に対するマイナス評価が、ここで一段と強まったことは確かなようだ。

トマス・アラキが帰国したのは一六一五年八月である。その後一六一九年八月長崎で捕えられるまでの四年間、彼は教区司祭として活動したはずである。後述するように、その頃の長崎には、司教区と四つの小教区からなる、教階組織が一応出来ていた。小教区を預かる主任司祭はもちろん四人である。アラキの帰国にともない、教区司祭は全部で八人になったから、アラキを含む四人は自分の小教区を持たなかった。この間彼がおそらく、長崎で活動したことはほぼ間違いないが、その有様が伝わっていない。時期もわるかった。長崎教会分裂とその後遺症、さらには幕府の禁令も加わり、教区司祭八人は結束して職務に専念出来るような環境ではなかった。かねてアラキが最も危惧したような、〝内部分裂して自滅〟しかかった日本教会に帰任したわけである。あるいは彼がかつてローマで考えていた以上に、末期的絶望的な状態であったのかも知れない。

キリシタン史の史料はその多くがヨーロッパ人宣教師の記録である。日本人信徒の姿もヨーロッパ人宣教師の記録を通してしか、伝わらないのが実情である。その中にあって、イエズス会士コーロス徴収文書・ドミニコ会士コリャード徴収文書は、日本人信徒が日本語で記述した、数少ない例であり貴重である。しかしそれを読む時、迫害下にあってなお信仰生活を堅持する彼らに感動する以前に、それぞれイエズス会とドミニコ会の宣教師の〝提灯持ち〟をひたすら務める、矜持を持たない信徒の姿に戸惑う。しかしそれ以上に、自派の利益のために〝従順な〟日本人信徒たちを操り、利用した両派の宣教師には、複雑な気持ちを抱かざるを得ない。日本教会より自派が優先する、ヨーロッパ人宣教師に指導された自国の教会の現実に、アラキは直面したわけである。

しかし一教区司祭に過ぎない彼は無力である。彼は恐らく冷静な、鋭い洞察力を備えた人物であったようだ。右に述べてきたような彼の言動が、それを証明する。彼には、盲目的な殉教者への道を期待することは出来ない。コリャード徴収文書を認めるような従順さを、彼に求めても無理である。彼は長崎代官村山当安の長子に向かって、パードレの説く法は良いが、彼らの意図は布教を手段に日本を自国の国王に服させるにある、と語ったという。〝布教と征服〟というごく当たり前のことに、目を向けるだけの〝冷静さ〟を備えた者に、殉教は期待出来ない。自分たちへの絶対的従順さを求めるヨーロッパ人イエズス会士の間で、彼は極めて評判が悪い。彼は一六一九年八月捕縛され、そしておおよそ二〇日後には棄教している。

彼は逮捕される以前から、長崎奉行長谷川権六藤正と接触を持っていたようだが、棄教後は奉行は彼を監視下に置きながら、彼をキリシタン取締りに荷担させた。将軍も彼を引見したようだ。

〝ローマ帰りの日本人転び伴天連〟という、他に例を見ない特異な経歴と知識の持ち主トマス・アラキは、幕府がそのカトリック観を固め、反キリシタン政策を押し進める上での、隠れた重要人物と言ってよいであろう。アラキ自身の書いたものは、先に挙げた書簡ほか数点が伝存するのみで、彼について知るには、どうしてもイエズス会士の記録を通さねばならない。残念ながら〝転び伴天連〟について、イエズス会士に中正の記録は期待出来ない。事実かどうか確認出来ないが、信徒たちの検挙があると、アラキが手引きをしたのだとイエズス会士は書く。そして彼をユダと呼び、教会の最大の敵と罵る。

彼の死を、オランダ史料は一六四六年、教会史料は一六四九年と伝える。その生年は不明であるが、彼の経歴から判断して、恐らく六〇代であったものと思う。年は食い違っているが、彼が最期に立ち上がり信仰のゆえに死んだ、つまり殉教したとする点、双方とも一致する。教会関係者は日本にいないから、教会史料といってもその情報源は、オランダ人か中国人であろう。長崎のオランダ人がトマス・アラキと接触を持っていたことは確かである。オランダ商館長の記載は、かなり信憑性が高いと言えよう。彼の生涯を振り返って、その言動を通して窺える主意は一貫している。彼の疑問は信仰そのものに向けられたわけではない。布教の目的が日本人の霊的救済のみにあるのではなく、背後にある国家の利害にとらわれそれに荷担する、素顔の宣教師への疑問である。アラキが立ち上がって殉教したのは、イベリア南蛮国に対する国の外交路線が確定し、南蛮国の宣教師がいなくなった後である。そこまで計算したわけでもあるまいが、彼の生涯は首尾一貫していたと評することが出来よう。

ペドロ・カスイ岐部も、キリシタン時代のローマ留学生である。彼は幕府の禁令によってマカオに追放された、イエズス会同宿の一人であった。帰国途中のトマス・アラキとマカオで会い、アラキから触発されるところがあったものと思われるが、その後二人はその進路をかなり異にした。岐部はマカオからインド経由でオルムズまで船で渡り、その先は陸路ローマに赴いた。途中日本人として初めてエルサレムを訪れている。一六二〇年頃ローマに着き、同年一一月司祭に叙品された。その直後一一月二〇日イエズス会に入会し、修練院に入り、さらにコレジオ・ロマーノにも学んだ。彼のローマ滞在中に、フランシスコ・ザビエルの列聖式が行なわれた。まだ二年間の修練期が終わらぬ一六二二年六月、岐部はイエズス会総長の許可を得て、ローマを後にする。リスボンの修練院で残りの修練期を終え、同年一一月イエズス会士としての修道誓願を立てた。

一六二三年三月リスボンを発ち、二五年一一月には既にマカオにいたことが分かっている。マカオから日本への直行が困難なことを知り、そこからマラッカ、シャム、マニラ、フィリピンのルバング島を経て、一六三〇年夏変装して薩摩に潜入することに成功した。実に一六年振りの帰国である。なお、ローマ・イエズス会文書館に岐部の書簡が三通伝存している。一六二三年二月一日付けリスボン発ローマ修練院のパードレ・ペンサ宛て、一六三〇年五月七日付けルバング島発総長補佐宛て、同年五月九日付け総長宛ての三通で、いずれもチースリク神父により紹介されている。先のトマス・アラキの書簡と比べ、布教の背後にある政治問題や教会の内部矛盾への言及が全くない点が、際立った違いである。〝盲目的〟信仰に徹することの出来るこの純粋さが、アラキとは違った道を彼に歩ませたと言ってよいであろう。

カスイ岐部は仙台藩の水沢で、恐らく寛永一六年(一六三九年)二月に捕えられた。江戸に送られ、宗門改役井上筑後守政重の手により、穴吊しで刑死したことは、『契利斯督記』に記録されている。

ヨーロッパ留学生として、外にミゲル・ミノエスもいる。美濃国の出身である。ポルトガルに渡り、エヴォラで哲学を三、四年学んだ後ローマに行き、一六二一年一〇月イエズス会に入会した。修練期を一年終え、一六二二年一〇月から二六年までコレジオ・ロマーノで神学を学び、司祭に叙品された。翌一六二七年ローマを発って帰国の途についたが、途中リスボンで二八年五月に死亡した。その帰国途上のマドリードから、一六二七年九月六日付けでローマのイエズス会書記フランチェスコ・ピコロミニに宛てた書簡が、伝存している。日本に迫害の嵐が吹き荒れているとの情報を得て、帰国への念いが募る旨を記しているが、彼はこの書簡の中でいくつかの具体的な要望をしている。すなわち、㈠国外にいる日本人司祭たちの帰国を促すよう、総長に善処してもらいたい。㈡マカオ到着以前に何処からでも、自分が日本に帰国する便を求めることを、総長に許可してもらいたい。㈢その資格を備えた同宿たちを、イエズス会に入会させてほしい。㈣ラテン語がよく出来る日本人イルマンたちを、司祭に上げてほしい。㈤シナでシナ人に捕えられているミゲル松田(マニラで学び、司祭になった)の救出に、尽力してほしい、と。

日本人信徒の司牧には日本人司祭を、という当たり前のことを、ミノエスは率直にイエズス会本部に訴えている。右の㈢・㈣は、キリシタン教会において終始くすぶり続けた懸案であるが、ローマ留学の末司祭になった彼の発言ともなると、また格別の意味を持つ。

マンシオ・コニシもローマに留学した。彼が一六二三年八月ローマでイエズス会に入会したことは、記録されているが、それ以前のことは不明である。イエズス会入会後も彼はローマで哲学の学習を続け、その後神学の課程に進んだ。一六二七年司祭になり、その後帰国の途についたようだ。一六二九年にリスボンを発ち、三二年に帰国を果たした。彼はその後国内に潜伏して司祭として活動したが、一六四四年頃捕えられ殉教した。彼は日本に最後に一人残ったパードレである。

トマス・アラキ、カスイ岐部、ミゲル・ミノエスの三人と違い、コニシ自身が記述したものは伝存していないようである。同じようにローマに留学しながら、かなり違った道を歩むことになる彼ら日本人司祭の姿は、大航海時代のカトリック教会の在り方を映しており、どうしても生の声が伝わって来ない大勢の日本人信徒の、代弁者でもある。

第五章　キリシタン教会の経済活動　その一

——理念と現実——

清貧理念が修道会としてその存立の根幹をなす点、イエズス会も同様である。イグナティウスを中心に作成された草創期イエズス会の会憲や会則類には、会員の経済基盤について細かく規定されている。イエズス会のような一面、〝近代化・合理化された〟修道会においては、清貧理念の具体的実践の仕方について、はっきり明文化することが要求されたのであろう。キリシタン教会の経済活動について解明するには、まず会憲等にはこの点どう謳ってあるかを、確認することから始めねばならないであろう。

ここで〝経済活動〟というのは、教会の経済基盤ならびに経済基盤から派生した活動を指す。教会側の研究者や文献にとって、異教に取り囲まれて迫害を受けたキリシタン教会の歴史は、神による救済の歴史であり、信徒の内的生活の歴史である。教会が何を財源とし、いかなる経済活動をしたかといったようなことは、〝教会史〟には馴染まない課題であり、そこでは信徒や好意的非信徒の喜捨を、いたずらにクローズ・アップさせるのがせいぜいである。

イエズス会の会憲や会則類は、イエズス会員を司祭(すなわち盛式四誓願司祭・盛式三誓願司祭・単式終生誓願司祭)とそれ以外の者とに分け、また会の機関も右の司祭の居住するカーザ・教会とそれ以外のコレジオ・修練院等に分け、人・機関ともに前者は喜捨を経済基盤とし、後者はレンタを所有してそれを財源とすることを定めた。レンタとは基本的には、土地から定期的に得られる所得と解してよい。つまりイエズス会司祭は、個人はもちろん会としても、資産を所有してそれに依存して暮らすことは、一切禁ぜられた。このように述べると、まことにすっきりと明快そのもののように思われようが、しかし会憲を仔細に読むと、例えばカーザ・教会を設立してイエズス会に寄進した慈善家から、それに何らかのレンタを付与したいとの申し出があった場合は、イエズス会がそれの管理に関わらなければ、その申し出を受け入れてもよいとか、寄付者が愛徳の心で行なったものであることを条件に、永久的・恒常的喜捨——つまり事実上のレンタ——は受納してもよいとかいった、いわば抜け道も用意されていた。しかし抜け道がどうであれ、司祭および司祭の居住するカーザ・教会がレンタを所有することは、会憲がはっきり禁じたということを、確認しておかねばならない。

だが右に記したような、会憲等の規定する会員の経済基盤の在り方を念頭に置いてキリシタン教会の現実を見ると、いろいろ分からないことが多い。ヨーロッパ・カトリック国と海外布教地との間の、環境の違いを言うのであろうか。しかしそれでは、海外布教が進展していたのと同時に、並行してテキストの改訂が進められた会憲の中で、清貧理念の規定が一貫して、いささかの揺るぎも見せなかったことの説明は、得られない。盛式誓願司祭であれ単式終生誓願司祭であれ、イエズス会司祭は皆、会憲の清貧に関する規定を一切改変しない旨、誓いを立てていた。会憲は会員の心構えを示したのだと言うのだろうか。しかしそれにしては、会憲や会則類の定めることは、微細にわたり具体的である。

日本イエズス会において、コレジオと修練院はともに一五八〇年に作られた。つまりそれ以前は、レンタを所有し得る機関は日本には存在しなかったわけである。ところが日本イエズス会は、インドで四カ所の土地を買得したが、その取得時期は、その内の三カ所が一五七〇年・七四(または七五)年・七五(または七七)年である。インドの土地がレンタであることは疑問の余地がない。

日本イエズス会のマカオ駐在プロクラドールであったジョアン・コエリョが、一六〇九年一一月一二日付けでシナ(マカオのこと)において作成した、「日本イエズス会のカーザと人の数およびレンタ・経費に関する簡潔な叙述」と題する財務報告書は、この点一層不可解である。本報告書はまず、日本イエズス会の収入として、ローマ教皇の給付金、ポルトガル国王給付金、インドの土地からの所得、マカオにあった貸家・貸店舗の賃貸収入、生糸貿易等があったことを述べ、しかも最後の生糸貿易以外の、すべての収入をレンタと見做している。喜捨・レンタの種別が記されていないと言っても、生糸貿易の収益が会憲のいう喜捨でないことは言うまでもない。そこで次に同報告書により、これらのレンタが配分された日本の各種機関を表示してみる(七四・七五頁参照)。なおレジデンシアとは小規模のカーザのことである。そこに司祭が居住する以上、レンタの所有が禁ぜられた点、カーザと同じはずである。レジデンシアは同一地区に複数存在したので、それぞれの所在地名を付した。

報告書には、喜捨もあったように記されている。しかし主たる収入はあくまで、さきに挙げたようなレンタであり、これを表中に見える各機関に配分して、なおいくら不足すると記述されている。カーザやレジデンシアがレンタを経済基盤とするという、〝会憲違反〟が行なわれたことと、関わりがあると考えるべきであろうが、同史料には不可解な点が二カ所ある。まずこの報告書が作成された当時は、コレジオは長崎にのみ存在したはずであるが、長崎・有馬・京都の下京と、三つもあったように記されている。次に colegial が、ほとんどすべてのカーザ・レジデンシアに居住していたことになっている。コレジオの生徒、すなわち会憲の定める修学生 scholastic・修学修士 approved scholastic を意味すると解すべきであろう。彼らはレンタを財源に暮らすことが許された。ありもしないコレジオをあったことにし、コレジオでもない地区長カーザにコレジオの名を冠し、ほとんどすべてのカーザやレジデンシアに、colegial が居住したような形にしたことと、本来レンタを財源にしてはいけないはずのカーザやレジデンシアが、レンタの配分を受けていたこととの間には、関連があったと考えないわけにはゆかない。

こうなると会憲の謳う清貧理念も、それが定める経済基盤の在り方も、日本では有名無実であっ

日本の各種機関表

	機関の種別	軒数	colegial の人数
長崎	コレジオ	一	六〇
	コレジオ付属の教会	一	
	コレジオ付属のカーザ	複数	
	修練院	一	三　他に irmão colegial 三
	教会付き病院	一	四
	墓地内の礼拝堂	三	
	浦上レジデンシア	一	三
	教会	多数	
有馬	コレジオ	一	一五
	セミナリオ	一	九〇以上
	加津佐・口之津レジデンシア	一	五
	有家レジデンシア	一	三
	島原レジデンシア	一	五
	西郷レジデンシア	一	三
	教会	多数	
天草	志岐レジデンシア	一	三
	崎津レジデンシア	一	三
	上津浦レジデンシア	一	三
大村	戸根レジデンシア	一	三

肥前	諫早レジデンシア	一	四
	不動山レジデンシア	一	三
	矢上レジデンシア	一	三
	深堀レジデンシア	一	三
	教　会	多数	
筑後	カーザ	一	四
	教　会	一	
筑前	地区長カーザ	一	一四
	秋月レジデンシア	一	五
	教　会	複数	
豊前	カーザ	一	八
	教　会	一	
	中津レジデンシア	一	記載なし
豊後	カーザ	一	六
	教　会	多数	
広島	カーザ	一	七
京都	地区長カーザ(コレジオとも表記)	一	一八
	教　会	一	
	上京レジデンシア	一	三
	堺レジデンシア	一	四
	金沢レジデンシア	一	四
	大坂レジデンシア	一	七
	伏見レジデンシア	一	五

たと言わざるを得ないが、キリシタン教会の現実に照らして、より一層決定的な疑問は、商業活動の収益を主たる財源としていた点である。会員が商業活動に関わることの是非など、会憲には記されていない。そのような当たり前のことが、会憲に書いてあるはずがない。それがこのような現実となったのには、やはり大航海時代の背景を考えざるを得ない。修道会としての清貧理念がどうであれ、大航海時代にあってカトリック布教に従事した以上、布教保護権の制度から逃れるわけにはゆかない。布教保護権は布教に、国家事業の性格付けをするものである。イベリア両国王は海外布教地の教会保護者として、その財源を負担する義務を負った。この国王給付金を喜捨と見做せば、この点一応つじつまが合うと言えないこともない。しかしキリシタン教会の場合、国王給付金は全体の中で少額にすぎなかった。イエズス会会憲の定める経済基盤の在り方を実践する義務がある修道会員と、大航海時代の布教を担う宣教師という、二つの立場を両立させることは至難であったはずだが、この点の矛盾を感じ疑問を訴えたイエズス会士は、そう多くなかった。

以下キリシタン教会の現実について、具体的事実を記してみる。

日本はポルトガル圏に属し、従って日本教会の保護者はポルトガル国王であった。つまり同国王は、保護者としての義務により、日本教会の経費を負担せねばならなかった。この点現実はどうであったかというと、ポルトガル国王が自らの義務を直接果たしたのが、日本イエズス会教会に給与した一定額の年金である。この金額は、時期によって変化した。一五七四年までは、マラッカで毎年六〇〇パルダオ（約五〇〇ドゥカド）を給与した。これの起源などは不詳である。当初から現金給与であったか否かも不明である。ザビエルが来日するに当り、マラッカの長官から胡椒を貰ったことが、想起される。とにかく一五七四年に、これが一〇〇〇ドゥカドに増額された。更に一五八一年、スペイン国王フェリペ二世がポルトガル国王を兼ねるに際し、ゴアにおいて一〇〇〇ドゥカドの年金を追加支給することに決めた。合計二〇〇〇ドゥカドである。更に一六〇七年同国王は、二〇〇〇ドゥカドを新たにインドで支給することに決めた。しかしこの最後の二〇〇〇ドゥカドの増額は、後述する日本イエズス会の商業活動を禁ずるに当たっての代償であった。ところが、この件はその直後から問題化し、国王政府も、毎年四〇〇〇ドゥカドの年金を日本教会に給与することの、到底無理なことを悟り、一六一一年にこの二〇〇〇ドゥカドの追加分を取り消し、代わりに商業を従来通り認める措置をとった。このようなわけで、一五八一年以降国王が給付した年金は、事実上二〇〇〇ドゥカドであった、と言ってよい。

この金額がキリシタン教会にとってどれほどの意味を持ったかは、その年間経費と対比させることによって明確になる。日本イエズス会の年間経費は、次の通りであった。

一、天正七年（一五七九年）に巡察師ヴァリニャーノが来日するまでは、六〇〇〇ドゥカド以下であった。

二、ヴァリニャーノの第一次日本巡察中（天正七年七月〔一五七九年七月〕～天正一〇年一月〔一五八二年二月〕は、各種機関の創建など出費が急増し、この二年七カ月の間に三万二〇〇〇ドゥカドに上った。
三、その後、豊臣秀吉のキリシタン禁令〔天正一五年六月〔一五八七年七月〕〕までは、一万〜一万五〇〇〇ドゥカドであった。
四、禁令発布後の数年は、教勢そのものは縮小したわけではないが、支出は抑制され、八〇〇〇〜一万ドゥカドであった。
五、一五九〇年代後半は再び支出が伸び、江戸幕府による禁令発布〔慶長一八年〔一六一四年〕〕までは、一万二〇〇〇〜一万六〇〇〇ドゥカドに上った。
六、禁令発布後は当然経費も縮小し、一万ドゥカド程度であった。
右の年間経費に比して、ポルトガル国王の給与する年金二〇〇〇ドゥカドが、いかに少額であったかが分かる。しかもこの年金は、現地で支払われなかったり、支払われても日本まで届かなかったりしたことが、珍しくなかった。日本キリシタン教会の経済基盤が不自然な様相を呈したのは、日本がポルトガル圏に属しながら、現実にポルトガルの植民地にはならなかったことに起因する、と言ってよい。布教保護権は本来、各〝布教地〟をそこの教会保護者が植民地支配することを前提とする。しかしデマルカシオン〔異教世界二分割領有論〕は理念であり、現実は、その全域が直ちにイベリア両国の領有に帰したわけではなく、潜在的領域が多い。特にポルトガル圏について、それが言える。現実の植民地における教会に対して、そこの保護者たる国王が財源負担の義務を履行するのは、あまり問題がない。ところが日本のようなところでは、ポルトガル国王は日本国内における収入で、日本教会の経費を賄うことが出来なかった。国王給与の年金が少額で、支払いも悪かった原因は、まさにここにある。それではポルトガル国王は、日本教会に対して負っていた義務を、いかにして果たしたのか。

ポルトガルにとって、日本が自己のデマルカシオン圏内に位置したことの現実的な利点は、日本と貿易関係を持ち得たことである。そこで国王は、このポルトガル船の対日貿易に、日本教会が参入して収益を上げることを許可した。イエズス会の貿易圏は広く、遠くヨーロッパにまで及び、スペイン圏をも巻きこんでいた。自活能力と行動力・機動力を備えたイエズス会士が、日本教会を支えるために不確実な国王給付金などに頼るより、独自に対日貿易を切り拓き、そして日本教会の保護者としての義務があるポルトガル国王から、その認可を取り付けて、自己の立場を強化しようとしたわけである。これを国王の側から見れば、有利な交易への参加を許すことにより——それはその分ポルトガル人の利益を割くことになる——辛うじて自己の義務を果たした、と言えよう。

日本イエズス会の商業の内容に入る前に、その収益を述べる。判明する限りで最高の例は、慶長九年(一六〇四年)渡来のポルトガル船による貿易で、教会は二万五〇〇〇ドゥカド余の利益を上げた。しかしおおむね、年に四〇〇〇〜八〇〇〇ドゥカドの収益であった。日本教会の商業的活動としては、先に述べたごとく、そもそもザビエルが来日するに当たり、マラッカ長官から胡椒をもらって日本で売却、布教費用を作ったことに端を発している。だが今問題にしている会独自の資金による貿易としては、ポルトガル商人ルイス・デ・アルメイダが日本で一五五六年頃、四〇〇〇～五〇〇〇ドゥカドの私財をもってイエズス会に入会し、このかねを資金に交易に乗り出したのが始まりであった。一五五〇年代・六〇年代及び七〇年代は、イエズス会はこの商業収入で日本での必要経費をすべて賄った上に、なお莫大な余剰が生じ、これを蓄積して一五六〇年代後半から七〇年代前半にかけて、インドに一万八〇〇〇ドゥカドを送金してそこに土地を買得した。ポルトガル領のバサインに取得したものが主であった。イエズス会は日本の内外に何箇所か土地を所有したが、このバサインの土地が最も重要であった。農耕地で年々収入があった。その後は教会組織も拡大するので初期のようにはゆかないが、それでも貿易収入は毎年の経費の三分の二を賄う、主たる財源をなした。

商業収入が特筆されるのは、教会に対する財政的寄与が大であったことにもよるが、それだけではない。教会が商業活動をしたことが、功罪相半ばする影響を布教活動に与えるなど、重要な意義を有するからである。

日本教会の商業の実態解明には、いろいろな分析の仕方があるが、まず取り上げるべきは、公認・非公認という視点である。その商業のどこまで公認で、どこからが非公認かという点である。

認可を与える権威は、ポルトガル国王・ローマ教皇・イエズス会総会長の三者と言ってよいであろう。公認・非公認を分ける基準は、布教保護権に基づく教会保護者の義務の履行の枠内か否かにある。国王が認可を与えうる権能の淵源は、ここにある。教皇は布教保護権を付与した主体であるから、右と基本的に同じである。ただし、この時代の海外布教のあり方からして、教皇がこの件で、積極的・主導的役割を演ずるということは、本来あまりないと言ってよい。最後にイエズス会総長であるが、修道会としての理念から、会員の商業活動についても一般的に、一つの規範は有った。しかし、事情の違う各布教地について、一つの規則を一様に適用出来るはずもなく、またそれを一様に押しつけようとするほど、イエズス会は融通のきかぬ修道会ではなく、またたとい本部がそれを命じても、個々の会員が直ちにそれで律せられることはないであろう。現実には、本部は極力一般的な規範の押しつけを避け、現地の事情を尊重し、それに妥協する姿勢をとったと言ってよい。

公認の商業とは、マカオ＝長崎間のポルトガル船による生糸貿易に、一定額参加するものである。マカオには、対日生糸貿易を独占的に行なうアルマサンと称する組織が、一五七〇年頃作られていた。マカオのポルトガル人住民が共同出資して、広東で生糸を仕入れ、長崎で一括売却した上で、その売上銀を出資者に按分配当するものである。この組織に日本イエズス会が一定額について参加して、利益配当を受けるというのが、ここで言う公認の商業である。日本教会の財政基盤を確立するようにとの、総長の指示を受けた巡察師ヴァリニャーノが、一五七九年、第一次日本巡察に先立って、マカオで取り決めたものである。商業活動とはいえこの限りでは、宣教師自らの手で商いをするわけではなく、前記の通り、国王・教皇・総長の三者とも認可を与えており、あまり問題とするほどのものではない、と言ってよいであろう。しかしイエズス会士は、商業をこの公認の枠内に留めなかった。それだけでは不足したからである。布教が国家的進出と一体であったとは言っても、宣教師は〝国家公務員〟ではない。教会はその自己目的から独自の成長力を持つ。したがって布教と国家的進出とが、現実に常に同一歩調をとることはありえない。そのギャップが最も明確に表面化したのが、この財源の問題だと言ってよいであろう。イエズス会士は、公認の商業収入での不足分を補うのに、国王給付金の増額を要求したり、公認の商業の枠の拡大を求めたりする正攻法をとらなかった。実現の可能性が乏しく、仮に要求が通ったとしても、関係各方面との間に軋轢が生じるであろう。それよりイエズス会士は、もっと現実的な道を選んだ。つまり公認の枠を超え、非公認の商業にまで拡大させていった。この辺にも、イエズス会士の体質がよく現われている。だがそれはあくまで非公認であり、当然外部の世界は言うまでもなく、会内部でも批判の声がなかったわけではない。しかしそれが単純な合法・非合法、すなわち正邪論で割り切れないところに、布教事業の特殊性がある。代替の財源を用意しない限り、非公認だという理由だけでその収入を切り捨てることは、教会活動の縮小を意味した。それは霊魂の危機に通じる。イエズス会士が、この種の問題が持ち上がると常に口にした「必要あって行なうことは、商業と呼ぶことは出来ない」の一言は、やはり重みがあった。

非公認の商業とは、主として次のようなものであった。

㈠ 所定の枠を超えたマカオ＝長崎間の生糸貿易。

㈡ マカオ＝長崎間の生糸以外の貿易。

㈢ マカオ＝長崎間以外の貿易。

まず㈠であるが、日本教会がマカオのアルマサンに参加して、配当銀を受け取る以外の対日生糸貿易は、非公認である。例えば、アルマサンとは別枠で生糸を日本にもたらし、売却して利益を上げたこともあるし、長崎でポルトガル船から別途に生糸を掛けで買い、これを上方等に転売した上で支払いを済ませ、差益を得ることもした。

㈡についてであるが、日本教会は生糸以外に絹織物・綿織物・金・水銀・鉛・麝香・竜涎香・陶器・砂糖・薬品等を日本に輸入していた。中でも金が最も重要な商品で、ますますその比重が高まったようである。利益率に大差がない以上、かさばらず内密に商える商品が望ましい。殊に禁教・迫害の時代に入ると、その要求は一層大きくなる。慶長一九年(一六一四年)長崎で開催されたイエズス会日本管区会議において、生糸の外に金・麝香・竜涎香の商いを許可してもらうよう、総会長に要望することを決議した。再三の要請を受けて、総会長は一六二一年に至ってようやく、所定の(つまり公認の)生糸量に不足したらその分、金または麝香で補ってよい、との回答を与えた。もっともこれは、現況の追認に外ならない。

㈢であるが、いかなる商品を扱おうと、これがすべて非公認であることは言うまでもない。マカオ＝長崎間貿易のように、定収入化してはいなかったが、イエズス会士は現実に収入になる見通しが立ったら、たとい非公認であれ、その好機を逃したりはしなかった。自然その商圏は広がり、遠くヨーロッパから、更にスペイン領域にまで交易の手を伸ばした。そのようなイエズス会士の体質を良く示す出来事に、一五九〇年代に行なわれたマカオ＝インド間の貿易がある。一五九一年スペイン領ペルーから、二〇万ドゥカド以上の銀を積んだスペイン船が、マカオに来航した。この航海自体、国禁を犯したものである。新大陸のメキシコ・ペルー等で産出される大量の銀が、太平洋航路を経て中国大陸に流入することは、大陸の物価を騰貴させ、その大陸の産物を商うポルトガル人の利を損なう。そこで、彼らの働き掛けにより、東西両インド間の交易を禁ずるスペイン＝ポルトガル国王の勅令が、一五八五年以降繰り返し発せられた。この新大陸産の銀は、フィリピンを経由して中国に流入するのが大部分であって、ペルーからマカオに直航したのは、これが初めてである。武器製造の資材である銅を求めるのが、目的であった。船にはイエズス会士が二人乗っていた。表向きは船員の司牧のためと称したが、内実は二人は、商売を任されていた。国禁を犯して西インドから、東インドであるマカオに渡航したのであるから、本来なら積載銀はすべてマカオ当局に没収されるところであるが、二人のイエズス会士の口利きにより、マカオのイエズス会施設を利用して、その半分は没収を免れた。日本イエズス会は、このうちの六万ドゥカドほどを借用、生糸・金・真珠を仕入れてインドにもたらして売却し、利益率約五〇パーセントの所得になった。イエズス会は先に記した通り、日本・中国向け聖職者養成を目的としたコレジオをマカオに設置したが、この時の臨時収入は、これの経費に充てられた。このコレジオは多額の経費を要するので、内部でも設立に批判的な意見が少なくなかった。ヴァリニャーノが反対論を抑えて、実現させたものであった。彼にとって、このペルーからのスペイン船は思わぬ宝船となったわけである。ヴァリニャーノはこの時のインド貿易に深く関わった。すなわち日本イエズス会は、非合法のかねを資金に非公認の商業を行なって利益を上げ、コレジオの創建と運営の財源とした。この時の強引な手口により、イエズス会士はインドやマカオのポルトガル関係者たちの反感を買った。

以上、教会保護者の義務履行という観点に立って、日本教会の行なった商業を公認と非公認とに分けて記述した。現実の商業行為の実態は、そこでは問題になっていないし、イエズス会の理念・倫理規範に基づいたものでもない。言ってみれば、国王政府＝植民政庁と教会との間の妥協・合意に基づく、といった程度のものである。従って、隙さえあれば公認の枠を超えて商権を伸ばして行くのを躊躇しないしたたかさを、イエズス会士は備えていたと言える。商業所得の高を、公認・非公認それぞれについて明確にすることは困難である。ただ所定のポルトガル船が長崎に渡来し、平常通りの貿易が行なわれる限り、公認の商業の方が安定した収入源であったことは、明らかである。

第六章　キリシタン教会の経済活動　その二

――布教政策との関わり――

キリシタン布教は、イベリア両国の海外進出の一翼を担うものであった。その海外進出は〝霊魂と胡椒〟、すなわちカトリック布教と物質的利益の追求を、目的としたものであった。この物質的利益の追求であるが、日本の場合征服・植民も検討の対象になったが、それはいわば机上の空論に終始し、現実にイベリア両国が日本に期待したのは、貿易による収益であった。つまり布教と貿易の両面で、イベリア両国は日本と関わったと言ってよい。布教の背後に国家があったことは、先に記した。布教と貿易はしたがって、絡み合ったものであった。ポルトガル船の交易地長崎が、同時にキリシタン教会の中心地となったのは、偶然ではない。長崎は教会の経済活動の中枢であり、また豊臣政権や江戸幕府の直轄都市でもあった。教会はその経済活動を通して、時の権力者と関わりを持った。

教会保護者であるポルトガル国王の都合で、イエズス会は国王や教皇のお墨付きをもらって貿易に参入した。公認の枠はあったはずだが、いったん走り出したらもうそのような歯止めは利かない。

救霊のために必要とする額を調達するか、公認の枠で調達した額に合わせて、救霊の方を調整するかとの問い掛けがなされたら、答えは自ずから明らかであろう。経費の大部分を商業収益で賄った意味は重い。事柄の性質上その行為を、厳密な意味での教会の維持費の調達という枠内に、制約することは難しい。どうしても活動が他に拡散してゆく。知らぬ間にこれが、布教政策の中で重要な位置を占めるようになる。

キリシタン教会の商業活動を、別の視点から分析する。それは誰が行なったのかという、人の問題である。イエズス会には財務を担当する、プロクラドールという職名の会員がいた。日本に関して言えば、ローマから日本に至るまでの要地、すなわちマドリード・リスボン・ゴア・マラッカ・マカオ・長崎に配された。いま商業活動について述べているので、長崎とマカオに駐在するプロクラドールが最も関係が深いが、その他も多かれ少なかれ、日本教会の経済活動に関わった。人の問題というのは、このプロクラドールが行なった商業か、それ以外の、本来その種の事柄には関知すべきでない、一般の会員が行なったものか、という点である。修道会・修道会員といえども、地上に設置され、俗世間の中で活動する以上、世俗との関わりを全く断つことは不可能である。どうしても、それを職とする会員を必要とする。必需物資やかねの調達・保管・配給、帳簿の記入、信徒等に対する物質的援助その他さまざまであるが、商業もこの一環である。当然プロクラドールのやるべき仕事のうちである。つまり、商業自体は公認の枠を守り、しかもそれを実際に行なうのはプロクラドールに限る、という二点が守られて、初めて修道会倫理が確立していた、と言えよう。しかしこの点がまた、厳しさを欠いた。動機はさまざまである。日本管区本部からの配給では不足したので、独力でその補塡を図ったもの、救貧活動のためのものも確かにあったが、そればかりでもなかったようである。理由はとにかく、個々の布教施設や会員個人が、独自に商業を行なって収入を図ることが、広く行なわれていたとなると、それは修道会組織として、既にかなり危険な状態に陥っていた、と言わねばならないであろう。事実この現状を憂えて、ローマの本部に訴えた会員もいた。そのような声に動かされたのであろう。総会長が日本管区長に指令を与え、それに基づいて管区長は一六一二年、この類いの個人的商業を禁じた。しかしこれによって、一切あとを断ったわけでは決してない。イエズス会の持つ機動性は、布教団として長所であるが、その反面このような危険も孕んでいたわけである。

商業活動が絡んだプロクラドールの活動について、もう少し立ち入ってみる。修道会としてのイエズス会には、もともと盛式四誓願司祭をプロクラドールに就ける慣例はないし、会則にも厳格な表現ではないが、その旨記されている。この点を念頭に置いて長崎に駐在するプロクラドールの顔触れを調べると、興味深い事実が分かる。日本布教もまだ初期の頃は、プロクラドールはイルマンが任じられたが、次いで下位のパードレが就任するようになり、続いて下位のパードレが就任するが、在任中に盛式四誓願司祭に昇格し、そして最後には盛式四誓願司祭が、この職に就くようになる。一七世紀に入る頃になると、盛式四誓願司祭がプロクラドールを務めている。これは明らかに、プロクラドールが重い役職になっていったことを意味している。もしもプロクラドールが、所定の単純な実務を反復遂行するだけの〝会計係〟であったのなら、イルマンで充分務まることであって、貴重な人材である盛式四誓願司祭を〝聖務〟から割いてくる必要はない。ところがキリシタン教会は、布教保護権に基づく教会保護者の義務履行の上に、安住することはかなわず、独自の才覚により財源を求めねばならなかったことは、右に記した通りである。盛式四誓願司祭のプロクラドール就任は、いわば日本教会の特殊事情により、特例として許されたことであった。

それればかりではない。キリシタン教会のプロクラドールは、本来の修道会内部の俗的実務以外の仕事を行なうことも要求された。第一に挙げるべきものは、貿易の仲介である。宣教師の貿易への介入というと、ポルトガル船のカピタンに対し、反キリシタンの立場をとる大名領の港を忌避させ、キリシタン大名領内に誘致したことを想起しがちであるが、これは或る限られた局面でのみ、言えることである。

イエズス会士による貿易仲介は、キリシタン布教の初期から行なわれた。一五七〇年代には既に、行なわれていたことが分かっている。長崎とマカオにそれぞれ駐在するプロクラドールを結ぶ教会の商業ルートを利用して、宣教師に商品の仕入・輸送・販売等を委託するものである。この当時、日本人が海外貿易により所得を得るには、㈠自ら船を出す。㈡商品の仕入・輸送・販売等を他人に委託する。㈢渡航船に出資して金利を得る。㈣日本に入港した船から商品を買う。以上四つの道がありえた。ところが交易の相手を、広東市場を擁したマカオに限定すると、㈠の日本人自身の派船は不可能であった。ポルトガル人がそれを拒んだからである。そこで残るのは㈡～㈣であるが、貿易手段はすべてポルトガル船であり、しかもそのすべてに、多かれ少なかれイエズス会士が関わった。今問題にしているのは㈡である。委託者は当然主として日本人であるが、例外的にマカオのポルトガル人の場合もあった。日本人では、統一権力・諸大名・豪商その他の有力者と言ってよい。銀を託して、広東での商品の仕入と日本への輸送を依頼した。ポルトガル人にとって、日本船の来航を禁じてもこれでは尻抜けであるから、もちろん歓迎したわけではない。だがイエズス会士は、この点ある程度は教会聖職者としての特権を身につけ、しかも前記の通り、独自の聖域としてのルートを持っていた。受託することによる教会のメリットは、手数料収入のごとき直接的な利益は恐らく問題ではなく、それよりも委託者である権力者・有力者の意を迎えることによって期待出来る、彼らの教会に対する好意的態度であろう。つまり、布教のための良き手段であった。これが布教のための良き手段であればあるほど、その中心的実務担当者であるプロクラドールの働きに、教会が依存するところますます大きかったわけである。プロクラドールが要職化した所以である。

ただこの布教手段には問題がある。第一に、これが行き過ぎると、マカオ＝長崎間の貿易秩序が損なわれるのは、右に記した通りである。マカオ市にとって、利害に関わるところ大であった。いかに布教のためとはいえ、マカオ市との間に波風を立てるのは、決して得策とは言えない。

第二に指摘すべき点は、やはり修道会としての倫理規範の問題である。当初はイエズス会首脳は、営利を目的としたわけではないこの受託行為を、布教手段として容認した。それにもかかわらず、一六一二年イエズス会は、これを自粛する方針に転じた。その直接の契機は、この貿易仲介行為が原因で、マカオのポルトガル人数人との間に訴訟事件がもち上がったことにあった、と言ってよい。ここでの委託者は、マカオのポルトガル人である。広い意味では布教手段と言えようが、日本の権力者の意を迎えるのとは、少し意味が違う。彼らはイエズス会士が、東アジアで永年にわたり商業活動をしてきた過程で関係が出来た、いわば教会にとっての友好商人であったことは間違いない。その彼らが、マカオ＝長崎間の教会ルートに着目、これを利用して別枠に、日本向けに委託貿易を企てたとしても、不思議ではない。

慶長一四年(一六〇九年)に渡来したポルトガル船をノッサ・セニョーラ・ダ・グラサ号(マードレ・デ・デウス号とも呼ばれる)と言う。長崎入港後そのカピタン・モールであるアンドレ・ペッソアと長崎奉行長谷川左兵衛との間で、取引等をめぐって争いが生じ、前年自分の朱印船がマカオでトラブルを起こし、それに絡んでペッソアに遺恨を抱く有馬晴信も奉行に荷担、徳川家康の許可を得て、同船に攻撃を仕掛け、同一四年一二月(一六一〇年一月)長崎湾に燔沈せしめた。これは日葡通交史上の大事件であるが、キリシタン教会もその巻き添えを食う羽目になった。つまり教会は、ポルトガル人たちから、この船を利用して日本に金をもたらし、銀に替えることを委託された。金は無事日本に届いたが、在日イエズス会士は正直にその金を銀に替えて、同船に積んでマカオに送り返すことをせず、マカオ駐在プロクラドールに対し、手持ち銀の中からそれに見合う額の銀を委託者たちに渡すよう、指示した。結果的にその船は炎上、沈没した。当時の委託貿易の商業慣行として、海損は委託者負担とするならわしであった。そこでイエズス会側は、委託者たちに対して銀を渡すのを拒んだ。他方委託者は船は沈んだが、銀については海損が生じてはいない、と言い張ってその支払いを求めた。確かに微妙な問題で、双方とも容易に譲れないところである。結局マカオでは決着がつかず、一件はローマのイエズス会本部にまで持ち込まれた。総長は、むしろ支払ってしまうように指示したが、現場の会員は承知しなかった。争論は一〇年以上に及んだ。この事件がイエズス会士にとって、反省の契機となったようである。もっとも、一六一二年に日本管区長が禁じはしたが、これでイエズス会士による貿易仲介が、すべて断たれたわけではない。永年にわたって行なわれてきたのであるから、人間関係もあり、一挙に全廃するわけにもゆかなかったようだ。特に幕府筋からの委託には、その後もしばらくは応じていたようである。

プロクラドールが要職化し、幹部パードレがこの職に就くようになった理由はまだある。プロクラドールは、長崎に入港したポルトガル船の積荷を、日本側に売り渡す取引交渉にも介入した。ポルトガルの対日貿易は、一歩後れてそれに参入したオランダやイギリスと異なり、株式会社化していたわけではなく、組織面でかなり立ち後れていた。対日貿易が他の海域の貿易と、組織上一体化していなかった。船を運航する責任者はカピタン・モールであるが、それでいて彼は、原則として交易には関わらなかった。しかもカピタン・モール職は一航海単位であるから、どうしても取引に連続性を欠くことになる。事実日本には、オランダ商館やイギリス商館に相当するポルトガル商館というものは、存在しなかった。交易もまた一航海単位で、商館の倉庫に商品を収めるということはなく、夏に渡来し、秋から春にかけて帰航するまでの長崎停泊中に、商品を売り尽くすか、一部売残しをもって帰航するか、むしろ商品を抱えたまま次の帰航シーズンまで長崎停泊を延長する持久戦法をとるか、いずれかであった。明細な商業帳簿をつけることも、なかったようである。

ポルトガル船が入港、停泊すると、日本側の商人や諸大名の買物係等々の参集状況を考慮して商品の売却が始まるが、その場合生糸は船に積んだまま、一括売買交渉が行なわれ、それ以外の商品は、まず陸揚げされて、長崎で市が開かれ売却が進められたようである。そのいずれも、乗船してきたマカオの代理商人が、商いに関するポルトガル側の責任者であった。ところが、右に記したように、ポルトガル貿易は一航海単位で行なわれるので、仮に同一代理商人が複数回来日しても、日本で取引交渉をするに当たって、言語・商業慣行・商品市況等に通じていない場合がほとんどであった、と言ってよい。そのようなポルトガル人が長崎で商いをするに当たって、既に永年日本に滞在して、言語や諸事情だけでなく、立場上相場にも精通していたイエズス会プロクラドールは、まことに有能で頼もしい仲介者であったに相違ない。それは当然日本側にとっても、彼が良き仲介者であったことを意味し、交易の局面において重きをなしたことは、彼が権力者・有力者に懐深く接近することを可能にした。その意味で代表的なイエズス会士が、ジョアン・ロドリーゲス(一五九八〜慶長一五年〔一六一〇年〕長崎駐在プロクラドール)である。彼は、豊臣政権や江戸幕府に近づき、後述するが、単に交易のみでなく、長崎市政にも関わった。

プラクラドールが右に述べたような働きをしたのは、紛れもない事実ではあるが、これを布教手段としてどう評価するかということになると、問題は難しくなる。イエズス会士が長崎貿易に関わり、更にそれを通して権力者に近づいたのは、確かに一面布教のための便法であった。しかし同じ日本カトリック教会内でも、修道会を異にすると、その評価は全く違った。フランシスコ会士などは、イエズス会士のそのような体質こそ、権力者との間に利害対立を来し、新たな権力闘争を生み、教会へのあらぬ疑惑と不信を呼び、教会を敵視させるに至った、と主張し、それをむしろ禁教原因と見做した。修道理念の違いに感情論まで加わったこの種の論争はひとまず措くとしても、イエズス会士のとった布教のための便法が、諸刃の剣であったことは、否定すべくもない。それは何も、長崎貿易への介入だけに限ったことではなかった。

第七章　キリシタン教会の布教政策(2)

――教会と政治権力――

キリシタン教会の世俗との関わりは、プロクラドールの職掌や貿易介入に限るものではなかった。そしてこのイエズス会海外布教の体質は、わが国の統一政権の対キリシタン政策を考える上で、避けて通れない事柄である。イエズス会士が政治権力に接近する体質を持っていたにもかかわらず、なぜかキリシタン宣教師は反権力の性格を備えていた、ということが一部で言われている。その見解の根拠を挙げるならば、一、現実に統一権力により迫害を受けた。二、江戸時代禁教下において、キリシタンは日蓮宗不受不施派等とともに非合法の地下信仰であった。三、キリシタン布教により、合理的精神・広い視野・科学的思考などが導入され、それを歓迎しない統一権力により弾圧された、等であろうか。

しかし、一体キリシタンは、反権力ゆえに弾圧されたのであろうか。以下、キリシタン教会がいかに政治権力に癒着し、身分秩序を擁護補強する一面を持ったかに着目してみたい。先に記した、交易に絡んでイエズス会士が権力者のために便宜を図ったことも、その一環であるが、更にその外の、キリシタン大名に対する軍事的・経済的てこ入れについて、述べてみたい。

戦国時代にあって、近隣の諸大名との戦により、キリシタン大名が危殆に瀕した場合、イエズス会はこれにさまざまな支援を与えた。竜造寺氏と交戦中であった大村純忠・有馬晴信に与えた援助は、その良い例である。その反面イエズス会士は、豊臣秀吉に対して武力抵抗をすることを検討した。秀吉がキリシタン禁令を発したからである。つまり、教会が支援を与えるか、それとも逆に武力を差し向けることまでするかは、ひとえにその領主の教会に対する姿勢のいかんによった、と言ってよい。宣教師がキリシタン大名に対して軍事的てこ入れをしたことと、彼らが日本をカトリック国にすることを夢見て、ポルトガルやスペインの武力による日本征服を企図したこととの間には、本質的な差異はない、と言うべきであろう。キリシタン宣教師の〝敵〟は反キリシタン勢力であり、諸大名や統一政権ではない。そしてこの点は基本的に、イエズス会とスペイン系托鉢修道会との間に違いはなかった、と言ってよい。

このキリシタン宣教師によって唱えられた武力行使論は、中世スコラ学、とりわけトマスの正当戦争論が基底をなしている。その上に立って、大航海時代を迎え、イベリア両国が版図拡大の国策を展開する過程で、正当戦争論は一層現実性を帯びて意識された。カトリック神学者たちの教説は、両国の異教世界征服・植民地化を理論面から擁護補強したと言ってよい。この種の事柄は事の性質上重大であり、そしてわが国の権力者の教会に対する姿勢にも大きな影響を及ぼしたと思われるので、その概要を記してみる。

一、日本に対する武力行使論は、中国征服論と関連づけて論ぜられることが多かったが、日本を対象とするものに限定すると、天正八年五月（一五八〇年六月）巡察師ヴァリニャーノが作成した『日本の布教長のための規則』の中で、長崎・茂木についてポルトガル人を中心とした武装・要塞化を指示したのが、早い例だと言ってよい。長崎・茂木が大村純忠・喜前父子の〝寄進〟を受けてイエズス会領になるのと、相前後してとられた措置である。このことを、ヴァリニャーノが長崎・茂木を迫害時の〝避難所〟にしようとしたと、専ら防衛的意味のみを強弁する向きもあるかも知れない。このような見解の相違は、結局はこの時代におけるカトリック海外布教の意義に対する認識の違いによるもの、と言わざるをえない。ヴァリニャーノは右の規則を作成した頃、有馬晴信に対し軍事的てこ入れを行なった。同じ頃彼は、武力征服が布教のための有効な手段である旨記述している。またその頃、カブラルも大村純忠に対し、何回にもわたり金銭援助をした。有馬氏・大村氏のいずれも、反キリシタンの竜造寺氏と争い、窮地に陥っていたものである。

二、先のヴァリニャーノの規則は、当面は日本準管区長コエリョが遵守実行する立場にあったが、彼はその趣旨にそって、天正一三年二月（一五八五年三月）スペイン領フィリピン教会の同僚セデーニョに宛て書き送り、キリシタン大名救援のために、武装艦隊の派遣につき総督に取り次いでもらいたい旨、要望した。この時のコエリョの要請は、フィリピン側が、日本に向けて割くだけの軍事力の余裕がないという理由で、拒否した。

三、コエリョが援軍派遣の要請を断られた直後の天正一五年六月(一五八七年七月)、秀吉のキリシタン禁令が発布された。これは、わが国の統一権力が発した最初の反キリシタン法令であり、当然宣教師は強い衝撃を受けた。そして、これに対する対応策として、準管区長コエリョを中心に、その頃日本にいたイエズス会士の多くが一致して、迫害者秀吉に対し、内外呼応して武力に訴え抵抗することが計画された。その当時イエズス会は、先のヴァリニャーノの指示もあり、教会領長崎を要塞化して火器等により武装し、軍艦も建造配備していた。これだけの軍事力を持つ教会が、国内のキリシタン大名と結託して行動を起こすことをまず企図したが、肝心のキリシタン大名の有馬晴信・小西行長等がこれに応じなかった(大友宗麟・大村純忠は既に死亡)。そこで次に、国内キリシタン大名に頼らずに、海外からの援軍の派遣を求めることにした。そのためにフィリピンの各方面に書簡を送っただけでなく、在日イエズス会士のモーラを、そのための使者としてマカオ・ルソンに派遣し、そこからさらにヨーロッパにまで赴いて、本国国王やイエズス会総長に会い、理解と協力を求めさせることにした。

四、モーラはまずマカオに行き、そこでヴァリニャーノに会った。ヴァリニャーノは事の次第を知って、天正一八年六月(一五九〇年七月)モーラを伴って来日し(二度目)、ひそかにそして速やかに、長崎に貯えられていた武器弾薬の類いを処分し、一部はマカオに送った。そして、在日イエズス会士が企図した軍事行動は、コエリョ一人の独断である旨盛んに吹聴し、この一件が秀吉の耳に入っても、教会に災いが及ばないよう、出来る限りの善後策を講じた。

後に江戸幕府が禁教令を発布した時は、キリシタン教会側には、武力で幕府に抵抗するような動きは、恐らく全くなかったと言ってよい。秀吉の禁令の場合とは大きな差異があるが、やはりそれは端的に言って、豊臣政権と江戸幕府との間の権力基盤の強さの違いを、イエズス会士が的確に洞察していたことの表れ、と言ってよいであろう。そして日本イエズス会が武力行使をめぐる布教政策を修正した転機は、右に記したヴァリニャーノがモーラを伴って二度目の来日をした時だと言ってよいであろう。一〇年前になるヴァリニャーノの第一次日本巡察時には、彼自身布教のための武力行使を積極的に容認する言動を示したことは、先に記した通りである。それが第二次巡察時にはこの点考えを改め、天正一八年七月(一五九〇年八月)加津佐で開かれた協議会では、ヴァリニャーノ主導の下に、大名間の争いに教会が介入することや、教会が武力を保有することを禁じ、キリシタン大名が危殆に瀕した場合の支援にしても、慎重に検討した上で秘密裡にかねか食料を与えることだけを認める、という決定をした。この時点でイエズス会がこのような方向転換をした理由は、強力な統一政権が成立し、これが教会に対して、厳しい姿勢で臨むようになった、というわが国の国内政情の変化以外に考えられない。政治権力の力いかんにより、機敏に政策を変えてゆくことが出来るのは、〝布教地〟の会員に政策決定の権限がかなり委譲されていたことを示すものであり、イエズス会の機動性・柔軟性を物語るものでもあろう。それはまた、布教上他のさまざまな問題に直面して、イエズス会が現地適応の布教政策をとったことと、基本的に同一基調に立ったものでもあろう。

五、天正一八年(一五九〇年)の協議会の後も、イエズス会宣教師の中には、個人的に武力主義の立場をとり続けた者はおり、折にふれそれが表面化した。その契機となったのが、慶長元年(一五九六~九七年)のサン・フェリペ号事件と二十六聖人殉教である。スペイン船サン・フェリペ号が土佐の海岸に漂着し、秀吉がその積荷を没収させたものであるが、同船の船長以下多数が生存しており、これは不当な措置であった。また二十六聖人殉教は、布教禁止を無視して教会活動をしたという理由で、フランシスコ会士を中心に宣教師や信徒を処刑したものであるが、布教の妨害は、スコラ学神学者たちの唱える正当戦争論によれば、まさに戦争の正当原因になりうる。それだけでなく、処刑されたフランシスコ会士たちは、フィリピン政庁から派遣された外交使節でもあった。それを処刑したのであるから、先のサン・フェリペ号に対する措置と合わせて、日本教会の中で〝暴君〟秀吉に対する武力行使論が再燃したのも、うなずける。

六、イエズス会士に関する限り江戸時代に入ってからは、この種の主張はほとんど影をひそめた。国内的には幕藩体制の確立、また国際的にはオランダ・イギリス両国の極東進出等により、かつてのデマルカシオン論のごとき途方もない理念が崩壊し、ポルトガル植民帝国は東インドにおける現状の維持すら覚束なく、日本に対する新たな武力的野心など、全く非現実的なものになったことなどを、指摘することが出来る。

七、キリシタン宣教師の軍事的言動は、わが国の統一政権の対外姿勢が決定されてゆく過程で、測り知れないほど大きな影響を及ぼしたと言ってよい。統一権力者が初めて公の文書で、布教に領土的野心がある点を衝いたのは、二十六聖人殉教後秀吉がフィリピン総督に宛てた書簡においてである。江戸幕府の禁教政策強化の過程で、このことの持つ重みは一段と増したが、その意義等については後述する。

八、以上一～七はすべて、イエズス会士の言動であるが、軍事的発言は決してイエズス会士に限るものではない。同じく大航海時代のカトリック宣教師であり、スコラ学的正当戦争論の影響を受けた者として、フランシスコ会士の中にも、当然日本に対する武力行使を論じた者がいた。慶長元年(一五九六年)に来日、同年一二月一九日(一五九七年二月五日)長崎で殉教した二十六聖人の一人フライ・マルティン・デ・ラ・アセンシオンは、その代表的人物の一人である。彼の所論は次の通りである。教皇が直接その権力を行使出来るのは、専ら精神的・霊的な事柄についてであるが、しかし間接的には世俗的な事柄に対しても、権力を持ち得る。間接的というのは、精神的・霊的な事柄について、教皇がその目的を遂げることが出来ない時には、目的達成に必要な限りにおいて、世俗的な事柄についても権力を行使出来る、という意味である。つまり、もしも異教徒が布教を妨げたら、教皇は強制的にその妨害を排除出来る。日本はデマルカシオンによる分割において、西側すなわちスペイン圏に位置する。なぜなら、フィリピンより東にあるからである。教皇はスペイン国王にこのインディアス(西側のこと)に対する支配権を与えた。この支配権は布教のためであるが故に、インディアスの国々の国王の支配権に優越する。従ってスペイン国王は、日本に対して支配権を有する。しかも同国王は布教保護権により、日本教会の保護者として、そこでの教会活動を支えるため、あらゆる手段を講じなければならない。スペイン国王はこの日本に対する権利と義務を、他に譲渡することなく、自ら行なわなければならない。同国王はその任務遂行のため、日本において、貿易船の入港と交易に適したいくつかの港を取得して要塞化し、艦隊を配備する必要がある。そして、日本において暴君たちの支配下にある多くの国々を武力によって奪い、最後には日本全土を我がものにする。スペイン国王は法的に日本の支配者であるが、イエズス会士が同国王の忠誠な家臣として協力するなら、彼を容易に日本の実際の支配者とすることが出来よう。なぜなら、イエズス会士はポルトガル船を通して、有力大名の味方が多いからである、云々。

右はアセンシオンの見解の一部である。イエズス会士ともちろん共通していたと言わねばならないが、キリシタン宣教師たちがいかなる認識をもって、日本で布教に当たっていたかが窺え、興味深いものがある。アセンシオンの見解の中で注目すべき点は、秀吉に対する評価である。彼は秀吉を徳と善を尊重する人物と評価し、布教に対して許可を与えることは確実で、偶像教を弾圧することも期待出来る、としている。そしてスペイン国王は秀吉との間に、友好関係を維持すべきだと主張する。アセンシオンがこのような記述をしたのは、二十六聖人殉教のごとき、スペイン系宣教師に対する迫害を秀吉が加える以前のことであったということに加えて、天正一五年(一五八七年)の禁令は、あくまでイエズス会士に対するものだという認識を持っていたことによる、と言ってよいであろう。スペイン国王は日本に対するその目的を遂げるために、仮に自ら信徒でなくてもスペイン国王やキリスト教に好意的な権力者は、利用すべきだというわけである。

また修道会間の対立抗争という観点に立つと、右のアセンシオンの論著は、政治向きのことに介入したがると言って、日頃托鉢修道会側から批判されているイエズス会士にとって、恰好の反駁材料となった。二十六聖人殉教事件に対しても、イエズス会士の中には、事件はスペイン系托鉢修道士たちがスペイン国王による日本支配を狙ったから発生した、として彼らの責任を問い、彼らのことを〝殉教者〟と呼ぶのに異議を唱える者もいた。

江戸幕府の成立とともに、イエズス会士は軍事的言動を慎しんだが、それに反しスペイン系の教俗関係者の間では、依然として事あるごとにこれが話題に上った。フランシスコ会士だけではない。托鉢修道会の中では、比較的イエズス会と近い関係にあったアウグスチノ会士の間でも、たとえばマテウス・デ・メンドーサはスペイン国王による日本侵攻の容易なことを論じている。一六一五年メキシコ副王がスペイン本国国王の命を受けて、フランシスコ会士ディエゴ・デ・サンタ・カタリーナを使者として日本に派遣したが、彼は将軍に対し、日本国内に要塞を作るための土地を求め、これがために布教に対する疑惑を掻き立てた。またフランシスコ会士アロンソ・ムニョスが、徳川家康の使者として一六一一年マドリードに着いたが、その際彼を迎えたスペイン政府内で、日本を武力征服する件が話題になったようである。さらに伊達政宗の遣欧使節に随行した同会のソテロがマドリードに赴いた時も、政府内で同じ問題が取り上げられたという。ただその時も、スペイン国王の日本に対する支配権そのものは確認したが、ここで直接武力に訴えることについては、不可能だとする見解が大勢を占めたようである。

第八章　キリシタン教会の布教政策(3)

――いわゆる適応主義　その一――

軍事面を中心に、キリシタン教会の政治介入について記述してきた。キリシタン教会、とりわけイエズス会士が政治権力に近づく体質を持っていたことと、繋がりがあると思うが、彼らがいかに日本の政治体制・身分秩序を容認し、それに適応した布教政策をとったかについて、記述する。宣教師は日本布教において、キリシタン教義あるいは教義に関わる生活実践上の諸問題を教授する際、反体制的・反社会的な〃危険思想〃を説いたわけでは決してない。教会と日本人信徒とを結びつける上で、最も基本的な書物と言ってよい『ドチリナ・キリシタン』をまず取り上げて、検討してみる。ドチリナ・キリシタンすなわちキリシタン教理書は、先に記したごとく既にザビエルが日本語でごく簡略なものを作成したようであるが、その後日本布教も年月を経るに従って、何人かのイエズス会士によって日本人向きのドチリナが少しずつ補正されてゆき、一五九一年加津佐において、ヨーロッパからもたらされた印刷機で、国字本『どちりいな・きりしたん』が出版され、慶長五年(一六〇〇年)にその改訂版が作られた。問答体で師が弟子に向って平明にキリシタン教理を説く形式になっている。わが国で初めて作られたこの問答体の教理書は、その頃ポルトガルで広く使用されていたイエズス会士ジョルジェの問答体公教要理を基に、日本人向けに改編したものであった。そこにおいては、端的に言って当時の社会秩序・身分秩序を肯定し、それを堅持すべきことを説いている。すなわち、親に対して孝行、下人（代々の隷属的奉公人）の主家に対する奉公をゆるがせにしてはならない。人はデウスのかたどりゆえに、大原則として人を殺害してはならないが、主人が正当な事情あって家来を成敗することは差し支えない。一切人を殺してはならない、と言ったのでは、法秩序が損なわれ、国家統治が不可能になる。正当な理由あって司直が罪人を死罪に処すことをも、禁じているわけではない。むしろ罪人が当然受けるべき罪科を免れるようなら、それを免じた者こそ裁かれねばならない。教会の定める安息日に主人から課役を命ぜられた場合、家来のキリシタン信徒は、我が身を不利にしてまで安息日を守る必要はない。主人にも止むを得ぬ事情あってのことかも知れない。もしもキリシタンである主人が、さしたる必要性もないのに、安息日に下人に仕事を命じたら、それはその主人の科であって、命に従った下人の罪ではない。教会は信徒に対し、日曜・祝日にはミサにあずかるよう指示しているが、それとても、いかなる差し支えがあっても絶対にそうせよ、と命ずるものではない。例えば、主人・親が家を出てはいけないと命じたり、ミサにあずかることの出来ないような用事を言い付けた時は、あずからないでよい。また、教会の定める日に大斎（断食）をしたり、所定の曜日に肉食を禁ずる掟についても、主人からいろいろな仕事を命ぜられ、大斎をきちんと守ったのでは、この務めを果たすことの出来ないような場合は、仕事を放棄してまで大斎をせよというわけではない、等々。

このように基本的教理書『ドチリナ・キリシタン』の説く趣旨は一貫している。同書には、親・主人に対する孝行と服従とを教えている所で、これはその親・主人の命令が罪科にならない場合のことであって、デウスの掟に背けと言われた時は、その命令に従う必要はない、と断っている。もしもこの一文のみに注目するなら、キリシタンの教えは当時にあって反社会的なものであった、とも言えようが、それはいささか牽強付会の論と言うべきで、全体を通して見るなら、その教えの趣旨はあくまで前述のごときものであった、と言ってよいであろう。後に禁教迫害時代に入ってから、高来(島原半島)で作られたコンフラリア(信徒の組・信心会・兄弟会、これについては後述する)の掟にも、デウスに背くことでなければ、たとい異教徒であっても主人の命には従わねばならない、と定められている。信徒に与えた教会の戒めに、「切支丹宗旨にて之れ無き帝王の掟たり共、違背仕まじき事」(『契利斯督記』下巻)の一項があった。

さらに話を進めて、具体的に当時の社会的慣行に対し、キリシタン教会がいかなる対応をしたのか、記してみる。特に性道徳と利子徴取の問題を取り上げる。この二つに論及するのは、例えば後に触れるコンフラリアからの除名処分は、殺人・人身売買と並んで右の二つが問題とされていることからも分かる通り、教会でも重視していたからである。

まず性道徳を取り上げる。言うまでもなく、カトリック教会では婚姻は七秘跡の一つである。トリエント公会議では、婚姻の根本二原則であるその不解消性と単一性とが明確に規定された(一五六三年)。しかしながら、キリシタン宣教師が直面した当時の日本の社会は、このカトリック的婚姻観と真っ向から対立するものであった。その矛盾についての悩みを訴えた宣教師たちの書簡・報告書は枚挙に遑がない。一例を示すと、ヴァリニャーノは天正一一年(一五八三年)の報告書の中で、日本人の間の奇異な風習として、正妻は一人であるが他に望むだけの妾を持つことが出来、離婚を平気で行なうということを記しているが、一五九二年の報告書になると、この問題について次のように訴えている。日本人は婚姻の不解消性たるべきことを知らず、望みしだい離婚して他の女と再婚する。このような風習に疑問を抱かない日本人に対し、教会の掟をそのまま適用して、結婚生活がうまくいっている現在の妻――カトリックによれば、それは正式の婚姻による妻ではない――と別れて、互いに嫌い合って既に他の男と結婚している最初の妻との結婚生活に戻らせることは、日本人には馬鹿げたことに思われ、それを洗礼を授ける条件とすることは、布教にとって重大な障害になる、と。そしてヴァリニャーノはこれに対する解決策として、日本人が異教徒の時に行なった婚姻は、結婚の永続性についての自覚なしに行なわれたものゆえに、無効とすべきである。日本人が婚姻の不解消性たるべきことを知らずに離婚しても、教会は別れた最初の妻のことを無視して、彼に洗礼を授けるのを許すべきである、と総長に訴えた。民俗学でいう〝足入れ婚〟などの試験婚も見られたとすると、カトリックの掟をそのまま日本の社会に適用しようとしても、強い抵抗に遭う。

折からキリシタン教会は、教会の〝大檀那〟大友宗麟の離婚問題に、直面せねばならなかった。宗麟が洗礼を受けようとした頃には、反キリシタン的態度をとっていた妻がいた。この妻は、奈多八幡の大宮司の女であった。奈多氏は大友氏家老田北氏とも縁組をしており、これには政略結婚の色彩があったかも知れない。いずれにせよイエズス会は、宗麟がこの妻と離婚することを承認し、新たにユリアというキリシタン信徒との婚姻を許し、そしてこの再婚の直後彼に洗礼を授けた。教会が新しい婚姻を認めるためには、前の妻との離婚を承認しなければならないが、その場合イエズス会は、一つは〝パウロの特権〟、もう一つに先の婚姻そのものが無効である、という理由を挙げた。当事者が婚姻の不解消性についての認識を欠き、うまく行かなければすぐ別れるとの前提で行なった婚姻であったからである、という。しかし、前の婚姻が真実そのようなものであった、という確証はない。つまりイエズス会は、キリシタン教会に好意的な宗麟と反キリシタン的な妻との離婚を認めるについて、教会の統一見解——最初の婚姻に戻った上でなければ洗礼を授けない、というもの——をまげてまで融通をきかせた、と言ってよいようである。

宗麟のケースだけではなく、日本イエズス会は、日本人はもともと婚姻の不解消性たるべきことに無知であり、その認識なしに結婚しているとして、異教徒の時の最初の婚姻を無効と認定する方向に進んだ。先に記したヴァリニャーノの一五九二年の報告書は、その趣旨である。当時スペインにおける代表的イエズス会神学者ガブリエル・バスケスも、日本イエズス会からの諮問に対して、一五九五年このような方針を支持する回答を寄せた。

次に婚姻の単一性の掟は、日本では蓄妾禁止の形をとる。これも右の離婚問題と同様当時の日本の社会、それも特に武家社会に深く根ざした習俗であって、教会がその掟をそのまま導入しようとすれば、強い抵抗に遭わねばならなかった。フロイスによると、秀吉が自分はキリシタンの教えにことごとく満足しており、多数の妻を持つことを許さぬ点の外には、キリシタン信徒になるについての障害はない、この点を緩めてくれるなら、自分もキリシタンになるであろう、と語ったという。秀吉が本気でキリシタン信徒になることを検討していたわけでもあるまいが、この点の掟が日本人の間で大きな問題になっていたことが窺える。しかし、それではイエズス会士は日本布教の過程で、この婚姻の単一性についての掟に関し、厳格な姿勢で臨んだかというと、これまたそうでもないようである。大村純忠の例を挙げる。大村純忠は永禄六年(一五六三年)戦国大名として最初に洗礼を受けたが、彼の子供たちの生年とおのおのの生母名から判断して、純忠は受洗の前後を通して、正室の外に側室を持っていたと推定出来る。ということはイエズス会士は、最初のキリシタン大名として大きな期待を寄せたばかりに、純忠に洗礼を授けるに当たり、恐らくは側室の存在を知りながらそれを見逃し、その後も同じ姿勢をとり続けた、と解してよいようである。

キリシタン教会が、もしも性道徳についての掟を、そのまま日本に導入して適用しようとしたら、当時の婚姻の習俗と衝突し、布教にとっての障害となったであろうが、現実にはイエズス会は、キリスト教の日本社会への浸透を重視する余り、必ずしも厳格な姿勢で臨んだわけではなかった。

イエズス会士は、日本人の経済活動の現実に対しても、同様な配慮をした。例として、利子徴取の問題を取り上げる。経済的諸問題に関して、キリスト教倫理神学の見地から、その当否をめぐって古来さまざまな教説が立てられてきた。その影響の及ぶ所はヨーロッパのキリスト教社会に限られるものではなく、海外布教地をも巻き込んだ。その内の重要な問題の一つが、利子徴取であった。一七世紀以降になると、スコラ学を離れて独自の経済分析の方法を備えた経済学説・文献が現れ、こちらの方が現実の経済社会に大きな影響を及ぼすようになる。そしてキリスト教倫理神学に基づく教説は、ますます教会の枠の中に閉じこもるようになる。しかしその中にあって、この利子の問題は、スコラ学的価値基準が世俗の社会に最も永く影響を残した。基本的に中世キリスト教会では利子——ウスラと称する——を徴することを反社会的行為と見做し、罪悪視する。しかし大航海時代に入り、貿易規模の拡大やプロテスタント商人の活動への対応等、新しい事態に直面して、旧来のスコラ学的経済思想をあくまで墨守しようとする人々がいる一方で、基本的原則は堅持しつつも、現実に即して解釈に融通を持たせる動向も生じた。後者の立場に立つ人々は、名目をつけては、徐々に一定の範囲内での利子徴取を容認する方向に向かうが、そこで主な要因となったのが、現地の商慣行への順応ということであった。スコラ学者の内この後者は、比較的イエズス会士が多かったのに反し、前者すなわち中世スコラ学的経済思想に固執する学者は、ドミニコ会系の人々が多かった。

さてイエズス会士は日本布教に当たって、利子付きでかねの貸借をする現実の商慣行に直面した。そして彼らはここでも、先の性道徳の場合と同様、スペイン系托鉢修道会とは異なった対応の仕方をした。フランシスコ会・ドミニコ会等は、スコラ学本来の教説を日本でも厳格に適用すべきだとしたのに対し、イエズス会は、日本人の利子徴取は〝止むを得ざる不知〟による行為として、そのまま洗礼を施し、その後に告解の場で指導・矯正して、不当なウスラを返却させるようにもって行くのがよい、最初からあまり厳格な姿勢で臨むと布教に支障を来す、という見解をとった。日本イエズス会から諮問を受けた前出の神学者バスケスも、この日本イエズス会のとった方針を是認した。具体的に、イエズス会は日本の商慣行に照らして、教会として容認出来る利子として、一応年利二五〜三〇パーセントをめどに、これを超えたらウスラと見做して禁ずる方針を立てた。

以上、利子徴取を例に取り上げたが、経済的行為についてもイエズス会は日本の社会事情に順応して、摩擦を少なくする配慮をした。

巡察師ヴァリニャーノが第一次巡察中に、大友宗麟の助言などを受けて著述した『日本イエズス会士礼法指針』(天正九年〔一五八一年〕)は、在日イエズス会士の日本社会への適応を、最も端的に物語るものとしてよく知られている。上下さまざまな位階に分かれるイエズス会士を、それぞれ日本の社会階層の中に位置づけようとしたわけであるが、その際ヴァリニャーノは、当時の武家社会への影響力などから禅宗に着目し、禅僧の僧階にイエズス会士の位階を相当させた。そして外見を重視する日本人に侮られないためと称し、イエズス会士は皆自分の相当する禅僧の僧階——それはひいては日本の社会階層にも通じるものであるが——をよく自覚し、日常それにかなった起居振舞をしなければならず、それ以上でも以下でもいけない、と指示した。

以上述べてきたように、イエズス会士は日本の政治体制・社会秩序・身分秩序を否定するものでは決してなく、いろいろな面でそれに適応し、妥協することによって、摩擦を避けつつ日本社会への浸透を図った、と言ってよい。それは同じキリシタン教会の中で、はるかに弱小勢力に過ぎなかったフランシスコ会等の托鉢修道会側から、強い批判を浴びたほどであった。イエズス会士が反体制的・反社会的な布教姿勢に出たがために、政治権力によって活動を禁止された、と言うことは正鵠を得ていないようである。

第九章　キリシタン教会の布教政策(4)

――いわゆる適応主義　その二――

前章ではイエズス会が日本で、適応主義と呼ぶことの出来る布教政策を執ったことを記した。ただそこで見てきた具体的な政策は、宗教色のない事柄を対象にしたものばかりであった。カトリック信徒は、単に神を信じていればいいというものではない。カトリックは全人格的なものである。両者合意の上なら、離婚と再婚を繰り返そうと勝手だというわけにはゆかない。海外布教地において宣教師は、現地でのさまざまな慣習に直面し、教会の教えに照らして、それを一つ一つ解決してゆくことを余儀なくされた。とくに破壊し尽くして、カトリック色に塗り替えることが出来ないだけのレベルの国においては、これが重要な課題となる。原理原則を一〇〇パーセント押し付けることは出来ない。どの辺なら双方妥協出来るかを、見極めねばならない。最後は高名の神学者や総会長、さらには教皇のお墨付きをもらう形をとるが、そこに至るまでには宣教師たちは、難渋の末の選択を強いられた。

中国布教において典礼論争が大問題に発展したのは、適応の対象が宗教性のある事柄だったからである。その論争の中には、例えば年三〇パーセントの利子付きの金銭貸借の是非等、日本キリシタン教会と同じようなことも含まれていた。しかしイエズス会と托鉢修道会との間のこの論争が、ローマ教皇をも巻き込んであれほどの大問題になったのは、孔子祭への参列や、祖先崇拝の儀礼への参加といった事柄が、そこで中心になったからである。宗教性がないとは言えないこういった儀礼を、イエズス会士マテオ・リッチは宗教行為ではないと主張した。中国と同様民族信仰を持つ日本において、適応の対象が宗教性のない事柄に限られたとみるのは、無理であろう。キリシタン布教と日本在来の祖先崇拝との関わりについて、少し考えてみたい。

これは喜捨受納の問題と関わる。キリシタン教会にとって、信徒からの、或いは好意的非信徒からの喜捨は、財源としてはほとんど取るに足りなかった。しかし先に記した通りイエズス会会憲は、司祭は喜捨に拠って生きるよう定めた。現実にはさして重きをなすものではなかったが、喜捨はいつ、誰から、何をいかなる条件で受けるかといったようなことが、教会内でよく話題になり、規則類にかなり詳しく規定されるのが常であった。これこそが清貧理念の体現であり、修道会活動の原点とも言うべきものであったからである。

イエズス会会憲は、喜捨の受納に対しても歯止めを掛けた。ミサ等の聖務の代償としての喜捨を、受納することは厳禁した。「無償でもらったのだから、無償で与えよ」(マテオ一〇―八)とのキリストの言葉に、より忠実であろうとしたからである。例えばフランシスコ会などは、聖務の謝礼金を受納することは容認している。金銭的な事柄に関してイエズス会の謳う理念が、いかに高くそして純粋であったかが分かる。

いま喜捨一般について言うと、ヴァリニャーノは日本における喜捨受納について、一種の偏見があったようだ。日本で喜捨を受けることを極力避けたがった。日本人は福音的清貧を自然の窮乏と誤解し、宣教師が喜捨を求めたりすると、生活の糧を求めて渡来したと勘違いするであろうと憂慮したのが、主たる理由と言ってよい。托鉢修道士の日本布教参入阻止に異常な情熱を燃やした彼が、〝托鉢〟行為に強い拒絶反応を示したということも、指摘すべきかも知れない。さらに仏教の欺瞞性と物欲を強く批判したことも、日本では喜捨受納を忌避したいとの思いを深めた、もう一つの理由と言ってよいであろう。このためヴァリニャーノは、巡察師として日本イエズス会の経済基盤の確立に尽力したが、それは主として生糸貿易への参入、ローマ教皇からの援助獲得、ポルトガル国王から日本航海権――これは売却可能――を獲得すること、ヨーロッパにおいて喜捨を募ること等に向けられ、日本国内での喜捨については、彼は終始重きを置かなかったと言ってよい。ヴァリニャーノの巡察師時代に作成された日本イエズス会の諸規則には、喜捨の受納について事細かな規定をしてはいるが、要するにイエズス会士の方から喜捨を求めることには消極的である。

しかし彼が一六〇六年に死亡し、パシオがその後を襲うと、この喜捨受納についての従来の方針が改められる。一六一〇年にパシオの主導の下に、ヴァリニャーノ時代のものを補正した規則が作成されたが、方針の改変はまずこの規則において示された。重要な改正点は二つある。第一にパードレは自分が司牧をしている信徒に対し、イエズス会士の用のために喜捨を求めてもよいとした。従来はこれが、イエズス会士の用のためは不可、ただ看坊の用のためなら可としてきた。看坊とは各地に多数存在した教会を預かった日本人で、緊急の際は洗礼を授けることもした。イエズス会士ではなかったし、日本人であったので、従来も看坊の扶養のために日本人に喜捨を求めることには、ヴァリニャーノを初めイエズス会士の間でも比較的抵抗が少なかった。第二に従来は聖務の代償としての喜捨の受納を一切許さなかったが、これを死者のためのミサについては、日本の事情を考慮して特別に容認したことである。

右の二つの改正点を会憲に照らすと、第一点は当然のことで別に問題はない。これに対し第二点は、〝代償〟ではないと強弁はしたが、死者のためのミサの挙行に対する、信徒からの喜捨を受納するのであるから、会憲に抵触する嫌いなきにしもあらずである。一・二ともに財政的見地からは、ほとんど問題にもならない。財源としてはほとんど取るに足りないにもかかわらず、会憲に触れる虞れすらある右の第二点を改めたのは、布教政策上かなり重要な意味を持っていたからだと考えてよい。

喜捨はたといそれがキリスト教的なものであっても、外見的には仏教の供養に類似する。とくに死者向けのミサに際しての喜捨ということになると、行為が類似しているだけでなく、その喜捨に込められた念いも、キリスト教を逸脱した宗教的心情が入り込んでいるかも知れない。

キリシタン宣教師は日本布教を開始した直後から、日本人の祖先崇拝に直面して戸惑いを見せた。ザビエルは日本布教を終えた直後に書いた書簡の中で、次のように自分の気持ちを率直に語っている。日本のキリスト教徒には一つの悲しみがある。地獄に落ちた者は救われない旨われわれが言うと、彼らは深く悲しむ。死んだ父母・妻子、その他の先祖への愛情から悲しむのだ。死者のために涙を流し、自分たちの喜捨や祈りによって、死者を救うことは出来ないものかと私に尋ねる。私が全く救いようがないのだと告げると、彼らは必ず泣く。私も、彼らがどう仕様もないことに涙を流すのを見ると、悲しい気持ちになる、と。

異教の撲滅を図るカトリック宣教師も、キリスト教伝来以前に異教徒として死んだ日本人の罪は問えない。そのような先祖の霊を気遣う日本人信徒の悲しみに対し、宣教師として的確に対応出来ない悩みを率直に訴えている。盆行事は日本在来の祖先崇拝の民俗と、仏教の盂蘭盆会とが融合したものだと言われる。そこでキリシタン宣教師は、㈠日本人の盆行事に対していかなる態度をとるべきか、その決定を強いられ、㈡それを異教的行事として否定するなら、祖先を崇拝する日本人の宗教的心情にいかに応えるか、という課題を解決せねばならなかった。

まず㈠であるが、多くのイエズス会宣教師が盆行事について記録を遺しており、そこに見られる日本人の霊魂観を、無知蒙昧と一蹴する。ただ盆行事があまりに日本人の間に深く浸透していたので、イエズス会として慎重な対応をした。ペドロ・ゴメスはコレジオで使用する教科書として、『要綱《コンペンディウム》』(一五九三年)を作成したが、その中で盆を取り上げ、次のように記す。盆では二つのことが行なわれる。一つは踊り、いま一つは死者の霊を迎えるために、灯を点し食物を供える。第一の行為は許される。踊ること自体は善いことだからである。第二の行為は迷信の類いではあるが、もしも支配者が灯を点すよう厳命を与えたら、われわれがそれを制止すべきではない。というのは、その行為自体が悪いのではなく、人の念いや意図によって悪くなるからである、云々。

右の趣旨は、盆行事を迷信と見做した上で、支配者の命により行事に参加することは制止しない、しかしそこに迷信的念いを込めてはならない、というものである。盆行事は礼拝という、偶像崇拝の直接行為を伴わない。行事自体は悪ではなく、そこに迷信的念いを込めることが悪である。迷信的念いを込めないことを条件に、領主の命により行事に加わるのを見逃そうというものである。これは盆行事に関する消極的解決というべきで、日本人の祖先崇拝にどう応えるかという点では、何ら回答になっていない。

アルカラ大学のガブリエル・バスケス(イエズス会士)は日本イエズス会から、先の婚姻やウスラ(利子)の問題と一緒に、この盆行事についても諮問を受けたが、彼はこの盆行事への参加問題を、日本の祭りに加わることや、〝南蛮誓詞〟に署名することと合わせて一本化して回答している。そのこと自体バスケスが、盆行事は祖先崇拝の表現だとは認識していなかったことを示す。回答の内容は、偶像崇拝はもちろん、偶像の祭祀と思われるような外観的行為もしてはならない、というものである。先のゴメスの『要綱』以上に、この際の解決にならない。

盆行事を基本的に否定したキリシタン教会は、その代替として諸聖人の祝日(一一月一日)を普及・定着させようとした。一五五〇年代にすでにその方針は確立し、後にヴァリニャーノも規則(一五八一年)の中でこの点に触れ、この祝日の趣旨を徹底させるよう指示している。パシオの服務規定(一六一二年)も、その点の趣旨は同じである。つまり、日本在来の宗教的心情である祖先崇拝に応える意味で、いわば盆行事の代替として、諸聖人の祝日を普及・定着させようという意図は、終始一貫していたと言ってよい。代替の意味を持たせようとしたのは、両者に共通性ありと判断したからであろう。しかし諸聖人の祝日は、天国にあるすべての人々の記念日である。この日を祝っても、異教徒のまま死んだ先祖の霊を気遣う、日本人信徒の心を充たすことにならないし、盆の代替になるはずもない。それでは異教徒でなく、キリシタンに改宗して死んだ先祖ならばよいか。日本の祖先崇拝は、カミとなって家を守ってくれる、先祖の霊を祀るものである。元来祖先崇拝とは無縁のキリスト教の祝日とは、どこまでも平行線である。

キリシタン宣教師が仏教の欺瞞性を力説する際、その理由の一つに挙げるのが仏僧たちの物欲である。キリスト教的喜捨と僧への布施とは、外見的には類似していても意味が違う。僧や寺へ布施を上げることは、その善行が他者である死んだ先祖や近親者の菩提に資する廻向になる、と仏教は教える。キリシタン宣教師もその辺の仏教教理は、承知していたようである。フロイスも、仏僧は教理を援用して僧や寺へ寄進するよう働き掛ける、と記す。彼らにとってこれこそ、仏教の欺瞞性を示すものである。

　中国において典礼論争が大問題に発展したのは、民族信仰的儀礼という直接行為への、参加の是非が問われたからである。パシオが一六一〇年の規則において、死者のためのミサを挙行するに際して寄せられる、喜捨の受納を容認したのは、礼拝行為ではないから派手な話題にはならなかったが、キリシタン布教史上宗教色のある事柄についての適応、という観点から取り上げることの出来る、ほとんど唯一の事例と言ってもよいのではないかと思う。聖務はあくまで無償で行なわねばならない。しかしここで初めて、死者のためのミサだけは例外とした。仏僧へ布施をするのが日本人の習慣で、それはその仏事の代償としての意味を持たない、という点を挙げる。布施はもちろん代償ではない。しかし単に習慣に順応するだけの意味で、このような重大な、会憲に抵触しかねない変更を決したとは、ほとんど考えられない。布施の意味を承知の上で、たとい仏教と融合されたものであっても、日本人の祖先崇拝を無下に否定するだけではなく、その念いのこもった異教的な行為を、ある一局面のみであるが容認して取り込み、日本人の心情に応えようとしたのではないであろうか。

第十章　キリシタン大名

キリシタン時代、相当数のいわゆる〝キリシタン大名〟が生まれている。シュタイシェン著『キリシタン大名』には、信徒になった大名として六一名も挙げてある。しかしその中には、いかがわしい信徒も混ざっており、とてもそれほどの人数にはならない。〝信徒〟を確定するのは難しい。桃山時代に南蛮趣味が流行し、信仰の問題をそう突き詰めて考えることなしに受洗した者もいたであろうし、九州の大名の中には、ポルトガル船やスペイン船を誘致して交易しようという思惑で、動いた者もいたに違いない。受洗はしたが、信仰生活が永続きしなかった者も少なくないようだ。

〝信仰者〟の確定には、常に多くの困難が伴う。ポルトガル貿易の要衝に位置し、キリシタン宗と在来の宗教との間で、複雑な信仰の軌跡を示した肥前の大村純忠を例に取り上げ、いわゆるキリシタン大名の一面を見てみたい。

純忠は横瀬浦——永禄五年(一五六二年)開港——において、永禄六年トーレスの手により洗礼を受けた、キリシタン大名第一号である。その際重臣二十数名も、彼に従って受洗した。純忠は、確かに一面熱心な信仰を表明し、そして行動した。『大村郷村記』によると、彼は天正二年(一五七四年)を中心に天正年間、領内の重立った寺社をほとんど破壊してしまった。領民に対し、キリシタン改宗を強制したこともあった。教会側の文献は、熱心かつ敬虔な信徒としての純忠像を描き上げる。しかし、それとはまた違った一面を伝える記録もある。右の『大村郷村記』には次のように見える。大村純忠が〝耶蘇徒〟にくみして寺社を破壊したのは、その頃彼は北に竜造寺隆信・後藤貴明、西に松浦鎮信、東に西郷純尭と敵に囲まれ、その上肝心の領内の統一も保たれておらず、一族の中にも敵に通じる者も出て窮地に陥り、兵糧・軍器にも事欠く有様であった。このため策をめぐらして耶蘇徒になった素振りをして、教会の望みに応じて寺社を破壊して僧徒を追い払い、かくして教会から金銀財宝を巻き上げて、兵糧・軍器を貯えた。つまり純忠の耶蘇改宗は〝禦敵之謀計〟であった、と。『大村郷村記』は、江戸時代禁教下で大村藩が作成した記録であるから、藩主の祖先たる純忠のキリシタン改宗の動機は信仰心に非ず、と記すのは、藩が幕府のことをおもんぱかって作為的に行なったことだ、と解釈するのももちろん可能である。やはり大村氏関係の記録によると、純忠は永禄一三年(一五七〇年)三月頃出家して〝理専〟〝理仙〟と名乗り、死後〝理仙日融大居士〟の法名を得ている。出家入道は社会的慣習に従ったまでで、信仰的意味を持たない、と強弁することもあるいは出来るかも知れないが、しかしやはり疑問は残る。それだけではない。純忠は受洗後に三城を築いたが、その城内に観世音を祀った。元亀三年(一五七二年)純忠は、後藤貴明らに攻められてこの城に籠城したが、その時彼はこの観音に祈願して開運を得たという。さらに純忠は、やはり受洗後までも伊勢神宮の御師と接触を持ち御札を受けるなど、伊勢信仰を続けていたようである。このように見てくると、一体大村純忠のキリシタン改宗の動機、果てはその信仰の純粋性そのものにも、疑問がわいて来る。

先の〝禦敵之謀計〟であるが、イエズス会教会が窮地に立っていた純忠に対して頻々と金品の援助をしたことは、教会側の史料にもはっきり書いてある。援助を受けることを下心に改宗したか、敬虔な信仰者純忠を守るために教会が援助をしたのかは、難しい問題である。領内の一族や有力豪族間の統制がとれず、周囲の外敵と結ぶ動きも見られたとなると、その背後にある在来の宗教勢力の根を断ち、代わりに全く新しい外来の宗教を領国内統一の精神的紐帯とする。しかもそれが同時に物質的支援にも通じ、さらにポルトガル貿易船の領内招致にも確実に有利に作用するとなれば、純忠の改宗もごく自然の成行として理解出来よう。彼が天正八年四月(一五八〇年六月)ポルトガル船入港地長崎をイエズス会に〝寄進〟したのも、永年にわたる教会からの金銭的支援に対する、いわば〝借金の返済〟的意味を持つものであると同時に、そうすることによってポルトガル船入港地を領内に確保出来るわけである。

以上記してきたような、信仰者としてはいささか疑問を抱かせるような純忠の言動も、教会側の立場から一つ一つその弁護をすることも、あるいは可能かも知れない。それは個人の心の奥底の問題であって、本人が告白的記録を遺していない限り、他人が容易に踏み込めるような事柄ではない。

純忠が受洗してキリシタン信徒になったことは、疑問の余地はない。しかし、改宗に際して、そして信仰者として、さまざまな俗世間的思惑に一切とらわれず、しかも他の在来の信仰をすべて捨て去らねば、純正のキリシタン信徒とは呼べない、というのであれば、純忠は純正のキリシタン大名ではなかった、とも言えよう。

右に述べたのは大村純忠のケースであるが、他のキリシタン大名も多かれ少なかれ類似性があった、と考える方が妥当であろう。信仰を貫徹するためには、所領を失うことをも辞さなかった、高山右近のような例も確かにあるが、すべてのキリシタン大名を、それと同列に論ずることは出来ない。

キリシタン布教史上、教会と他の在来宗教との間の宗論は、大小幾度となく行なわれている。しかし異なる宗教間の〝理論闘争〟で勝敗の決着がつき、当事者や第三者がそれに納得する、などということはありえない。キリシタン宣教師はそのような場合、よく自己の勝利を誇った記録を書き遺すが、それはもちろん彼らの一人よがりに過ぎない。日本人の間にキリシタン信仰がある程度広まったとしても、キリシタン教会側が宗論において日本在来の宗教に勝利を収めたから、日本人がその宗教としての優越性を認めて改宗に踏み切った、というものでは多くの場合ないであろう。たとえばヴァリニャーノが一五八〇〜八一年元仏僧の日本人イルマンの協力をえて、セミナリオでの教育に使用するために編纂したとされる『日本のカテキズモ』は、日本宗教批判に主力を注いだ内容であるが、いたずらに論理と修辞のみ先行し、イルマン志願者に対しては意味があっても、日本人の信仰心をキリシタンに向ける上で、はたしてどれほど有効であったろうか。

キリシタン大名が生まれるには、さまざまな動機・要因がありえたことは右に記した通りであるが、それは何も〝大名〟に限るものではない。考えられる動機の一つとして、キリシタンの神デウスに、現実的利益を期待する心理が働いたことを指摘することが出来よう。現実的利益には二つの意味がある。一つは、大名がキリシタン信仰に入ることによって、ポルトガル貿易船の自領への誘致を図ったとか、民衆が医療や救貧などの社会事業に惹かれてキリシタンに改宗した、等々の類である。この種のことも確かに、キリシタンに改宗することによって期待出来る現実的利益である。しかしこれは、いわば改宗に付随した利益であって、キリシタン信仰そのものに内在したものではない。

これに対し、信仰そのものの内に改宗者が期待した、今一つの現実的利益があったと言ってよい。すなわち、これは古く岡田章雄氏によって指摘されたことであるが、キリシタン信徒の信仰生活の中に、日本在来の宗教に基づく現世利益を念ずる習俗が、単にその信仰対象を日本の神仏からキリシタンのデウスにすり替えただけで、ほとんどそのままの姿で残存している例が少なからず認められる。まずキリシタン武士の間に見られた習俗であるが、戦場に臨んで、旗印・指物・甲冑などに、信仰を表した十字架・ロザリオ・イエズスや聖人の名・天使像などの聖画等を繡《ぬいと》ったりして掲げた例は、多数に上る。それは、八幡大菩薩・摩利支天などの武神を武士が守護神とたのみ、その加護に身を委ねた戦国の信仰の姿が、単に信仰対象をすり替えただけで、そのまま生きつづけたことを示すものである。それは守護神とたのむ神仏——キリシタンの場合はデウス——の冥加により、武運を開くことを念じたものである。単に武装・武具の装飾に信仰を表しただけではなく、出陣に際してデウスに戦勝の祈願を行なったり、戦闘の場で武運を開いて戦勝に導き、危難を避けるために、イエズス・マリア・軍神サンチャゴの名を唱えたり、鬨の声にその名を呼んだり、祈りを行なったりしたが、これも同じ信仰表現である。

次に、これは武士に限らないが、医療に関する効験を祈念した信仰を挙げることが出来る。キリシタン宣教師は現実に、医療施設を作って簡単な手術を行なったり、薬を投与したりしたが、ここで問題にするのは、それとは違った次元のことである。すなわち、傷病の治療の上での霊験を信じ、それを祈念する信仰が、広く認められた。第一に挙げるべきものは、聖水への信仰である。聖水とは、司祭が所定の儀式を行なうことにより、神の恩寵が加わったとする水のことであるが、さまざまな難病・奇病の治療に対して、この聖水が奇跡的効験を示したおびただしい数の事例を、宣教師たちは報じている。このためキリシタン信徒たちは、この聖水の効験を信じ、器に入れては家に持ち帰ったという。その噂を聞いた非キリシタン信徒までもが、病気の際にその水を求めたという。これと類似しているが、かつて使徒聖トマスが布教したとの伝承がある、インドの聖地サン・トメにある十字架の木片で作ったロザリオで浄めた水は、〝サン・トメの木の水〟と称して、医薬的効験があると広く信じられていた。このためその木で作ったロザリオは、日本で贈物として珍重されたという。その他にも、さまざまな聖遺物・聖具類・殉教者の遺物等についても、同様な効験が信じられていた。これなども、在来の宗教信仰に基づく禁厭(まじない)行為が、そのまま信仰対象を替えてキリシタン信仰に残存し、願望を充たそうとした、と言ってよい。

キリシタン信仰の一面ではあるが、右に述べてきたような信仰形態を見ると、当時のキリシタン信仰がどの程度〝本物〟であったのか、疑問もわいてこようが、しかしこの疑問は必ずしも的を射たものとは言えない。というのは、改めて言うまでもなく、カトリックでは奇跡を認めているからである。イエズスが行なった数々の奇跡は、彼の神性を証明するためのものであり、使徒たちの奇跡は、彼らが説く福音が真に神の教えであることを、広く知らしめるためのものである。福音宣教が行なわれた原始キリスト教会においては、奇跡は一貫してその使命を果たしたが、時代の進展とともに、奇跡は往時のように頻繁に見られなくなったことは、確かである。教会側の立場に立つなら、それは奇跡をそれほど必要としないだけの、その聖性を示すだけの証拠が教会に備わったため、ということになる。これが大航海時代に入り、異教世界への布教が展開するにつれ、奇跡の必要性が再び高まったと言える。懐疑的な異教徒に対し、宣教師が語ることが真に神の福音であることを納得させるには、奇跡を行なって見せるのが、最も効果的であったからである。

日本のキリシタン時代宣教師の間で、奇跡について大きく分けて二つの、一見対立的に見える見解が存在した。一つは、先に記述したような、傷病の治療を主とするさまざまな、そして数多くの奇跡的現象を明確に伝える宣教師自身の文書類である。しかしその一方で、例えば巡察師ヴァリニャーノなどは、原始キリスト教会と違い、デウスは日本に豊かな奇跡の賜物を下さなかった、と書いている。この一見矛盾する点について、教会側の学者ロペス・ガイ神父は、このヴァリニャーノの記述も、日本で当時奇跡が行なわれたことを完全に否定するものではない、との見解をとる。すなわちヴァリニャーノは、〝豊かな〟奇跡ということに力点を置いており、例えば、死者を復活させるがごとき第一級の奇跡は行なわれなかった、ということで、それは逆に、ある種の奇跡の存在を肯定する意味にとれる、と解釈する。確かに日本での奇跡について、右のような〝冷静な〟見方をしたヴァリニャーノも、日本で病気治療や取りつかれた悪魔を追い払う上で、奇跡が行なわれたことをはっきり記述している。ロペス・ガイ神父も、キリシタン宣教師が病気を奇跡的に治したように書き遺しているからといって、直ちにそれを奇跡と速断するわけではない。まずその〝奇跡〟を記録した人物について、慎重に審査しなければならない、とする。例えば、医療の知識がある宣教師が書いていることなら、信憑性が高いといった類である。更に、強硬な反キリシタンで、猜疑心の強い異教徒や異教の聖職者たちの眼前で、それが行なわれたのなら、これまた有力な支援材料になるとする。こういった条件を皆備えているなら、その〝奇跡〟の報告は客観性あり、と認定出来るというわけである。ただし、それが真正の奇跡たり得るには、もう一つ要件を充たしていなければならない。つまり、その超自然的な出来事が、真にキリスト教的で、宣教の目的に適うものでなければならず、そうでなければ、それは単なる見世物に類する。その超自然的行為が日本で宣教師の不足を補い、その結果大勢が改宗し、信仰を強めたのかどうか、という点である。結論的に同神父は、キリシタン時代の日本において奇跡は行なわれた、とする。

超自然的行為を肯定する点、キリシタンも日本在来の宗教の或るものも同じである。ことに真言密教等より派生した修験僧山伏は、社会的に大きな影響を与えた。同じ超自然的行為でも、それがキリスト教的であるものに限って、カトリック教会が〝奇跡〟と呼ぶに過ぎない。それに惹かれてキリシタンに入信しても、一向差し支えないどころか、その効果があって初めて奇跡たり得る資格が生じる。いかなる動機で改宗しようと、それは問題ではなく、肝心なのは受洗後真正のキリスト教徒になったかどうか、という点であるが、このことはその問題の性質と史料的制約から、解明は極めて困難である。当時の日本人がキリシタン宗に接近し、改宗するに至った契機の一つとして、日本在来の信仰形態との類似性を指摘し、同類の現実的・実利的効験を期待する一面があったとして、それでは何故にキリシタン宗にその効験を求めたか、という問題が残る。キリシタンと共に南蛮医学が伝来し、それに対する信頼が背景にあったとの見方もあろうが、その当時の南蛮医学は、それほど驚異的水準ではなかったようである。教会が医療施設を作ったのは事実であるが、そこではパードレから医学の手ほどきを受けた日本人が、従来と同じ薬を用い、あまり変わらない治療を行なった、というのが実情で、患者はそれを南蛮伝来の医学だと信じたのであろう。一種の信仰療法である。禁厭はあくまで禁厭であり、科学的根拠を追究することは、あまり意味のあることとは言えない。在来の信仰に基づく禁厭習俗が、大した抵抗もなしに入り込めるような体質を、キリシタン宗は持っており、それが改宗の一つの契機となった、という点だけを指摘しておきたい。

もっとも奇跡を取り上げる以上、ハビアン著『破提宇子』の次の一節にも触れねばなるまい。

「或問、提宇子ノ宗旨ニハ奇特多ク、別シテマルチルト云テ、法ノ為ニ命ヲ捨ルモノ共ノ上ニテハ奇瑞多シト聞。実否如何ガ候ヤ。答云、其事ニテ候。何事モ聞テハ千鈞ヨリ重、見テハ一両ヨリモ軽キ習ヒト思召セ。彼徒奥深キヤウニ申セドモ、サモナク候ゾ。我等モ十九出家ノ後、彼寺ニ二十二、三年モ修行ヲ経、人ノ数ニモカゾヘラレテ候ガ、何ニテモ奇特ナルコトハ一ツモ見ズ候。又マルチルノ上ニモ、何ニテモ奇特ヲ見ズ候。」

さらに続けてハビアンは、長崎奉行長谷川左兵衛が悪戯気を起こして、凧に蠟燭をとぼし稲佐から長崎の上に揚げたところ、そろそろ奇跡が起こってもいい頃だと思っていた伴天連や信徒たちが、すわ天より光明が下ったと大騒ぎをしたと嘲っている。

幕府にあってキリシタン取締りの衝に当たった井上政重も『契利斯督記』の中で、キリシタン危急存亡の秋に、〝名誉ガマシキ事〟少しもなしと記している。奇跡的な出来事を書き伝えているのは、疑いを抱いていない宣教師だけである。

キリシタン大名を取り上げる以上、どうしても改宗における任意性の問題を、考えないわけにはゆかない。大名・領主によって、領民に対する強制改宗が行なわれたことはないか、または領主に迎合して、心ならずも改宗したことはなかったか。キリシタン宣教師とりわけイエズス会士は、日本の権力者に近付いて彼らを入信せしめ、上から下へ信仰を広める政策の効果的なことを当初から確信し実行した。ヴァリニャーノは、日本人の領主への隷属性は極めて強く、彼らの積極的支援なしには教会の発展は覚束ない、と日本布教の責任者に指示した。イエズス会士ペドロ・デ・ラ・クルスは、日本では改宗も棄教もすべて殿《トノ》次第で、教会は統制力を持たない旨強調している。上からの布教は有効であると同時に、危険を孕むものであった。平戸の籠手田・天草久種・大村純忠・有馬晴信・大友義鎮・高山右近・八尾(河内)の池田教正等、その改宗とともに家臣・領民の間にキリシタン入信者が激増した。

イエズス会士ペドロ・ゴメスは『要綱《コンペンディウム》』(一五九三年)の中で、異教徒強制改宗の是非の問題を論じている。ゴメスはここで、二つの異なった見解を紹介する。すなわち一つは、改宗した領主を介してであれ他の方法であれ、異教徒に対し信仰の受容を強制してもよい、という考えである。今一つは、それを不可とする見解である。ゴメスは後者を支持する。フランシスコ・ビトリアら、この時代の代表的サラマンカ学派スコラ学者も、布教を禁ずる異教国に対する武力行使は是認した。

つまり布教の自由はあくまで保障されねばならない、とした。しかしそれにもかかわらず、改宗の強制は非とする見解を示した。教会側の立場に立つなら、宣教師が権力者に接近したのは、領内で支障なく布教が進められるように、その理解と許可を得るのが狙いであって、仮に領主の入信後家臣・領民の大量改宗があっても、それはこのキリシタン大名の模範的人格が、人々に強い感化を及ぼした結果だということになる。そしてそこにおいて決め手になるのは、領主が、例えば統一権力者の指令で棄教したり、あるいは所領を没収されたりした時に、領民がいかなる態度をとるかである。つまり、そのような局面に臨んで初めて、領民の信仰の真価が問われるわけである。ただこれとても、信仰を貫いて追放処分に甘んじ、果ては殉教をも辞さなかった領民のいたことを強調し、彼らにスポットを当てるキリシタン宣教師もいれば、高山右近が所領を奪われるや、領民は大部分信仰を棄ててしまったと記して、日本教会の現実を悲観的に見ていた宣教師もいた。伝存している史料からその双方の人数を比べることが仮に可能であっても、それは大して意味のあることとは言えないし、第一、当時の日本人に、純粋に個人の自由意思に基づく信仰がありえたのか、という点をも考え併せるなら、この問題は歴史的にあまり重視するほどのこととは言えないようだ。とにかく、強制があったか否かはひとまず措くとしても、上から下への大量改宗が行なわれたことは紛れもない事実で、イエズス会士がそれを効果的に進めたことは、他の修道会士が常々、多分に批判的に記述する通りである。

第十一章　二度の遣欧使節

天正少年遣欧使節と慶長遣欧使節は、キリシタン時代における二つの壮挙と言ってよいであろう。日本の主権者によって派遣された外交使節ではないが、とにかくスペイン国王やローマ教皇に会見した意義はやはり大きい。ところでこの二度の遣使は、その性格を全く異にする。天正使節は、企画者はイエズス会巡察師で、教会行政の手腕に長けたヴァリニャーノである。そしてその狙いは、イエズス会の日本における活動成果を、ヨーロッパの本国政府や教会関係者に誇示し、彼らの日本教会への関心を高め、いろいろな面での理解と協力を得ること、そしてそれに加えて、若い日本人信徒に実地にヨーロッパのキリスト教文化に触れさせ、彼ら自身の口からそれを語らせて、日本人の教化に資することにあった。大友・大村・有馬といった九州のキリシタン大名の縁につながる、四人の少年がその役に選ばれた。実際はヨーロッパ人イエズス会士が書いたものだが、あたかも四人の少年が語ったかのような体裁をとった見聞録が、出版されたりした。三人の大名からの使節であるから、当然三人がスペイン国王・ローマ教皇、あるいはイエズス会総長に宛てた書簡が託された。だが、それらの書簡はどれも、ただキリスト教を讃えイエズス会士の布教に対する感謝に終始し、内容的には取るに足りない。三大名の側に、使節を送るだけの積極的意義なり目的意識なりが、明確にあったとは考えられない。つまり天正使節は、イエズス会――と言うより多分にヴァリニャーノ個人が企画したことであり、三大名や四人の少年には、遣使に対する主体的自覚はほとんど認められない、と言ってよい。

このように見てくるとあまり大きな歴史的意義を認めがたい天正使節ではあるが、しかし一行の帰国に伴って、わが国にヨーロッパから活字印刷術が導入された文化史的意義は大きい。すなわち、印刷機・アルファベット活字・付属器具がもたらされ、二人の印刷技師も一緒に渡来した。わが国では国字(漢字と仮名)活字も作られた(木製と金属製)。桃山時代の天正末から文禄にかけてほぼ同じ頃、二つのルートからわが国に金属活字による印刷術が導入された。一つは今述べているイエズス会教会によるもので、今一つは朝鮮より伝来したものである。前者は慶長一八年(一六一四年)の江戸幕府禁教令により、その活動は終わりを遂げ、朝鮮伝来の方も、寛永以降は再び整版が多く使用されるようになり、慶安年間(一六四八~五二年)には姿を消した。キリシタン教会の印刷と異なり、権力者により禁止されたわけでもない後者が消滅した理由は、朝鮮から確かに銅活字印刷術が導入されはしたが、その後日本で作られた活字は、大半が木活字で、磨滅により同じ活字では数十部の印刷が限度であったことによる。

さて問題のイエズス会教会によってもたらされた、活字印刷術による出版物についてであるが、いわゆる〝キリシタン版〟の語を広義に用いると、単にその印刷機により国内で出版されたものばかりでなく、それ以前に日本教会のために海外で刊行された、一五八六年リスボン刊ヴァリニャーノ著『日本のカテキズモ』や、一五九〇年マカオ刊サンデ編『九州三侯遣欧使節見聞対話録』等、さらにはドミニコ会士等が国外で出版した各種の書物、及び幕末開国に伴うキリシタン復活後、明治初年にかけて刊行されたいわゆるプティジャン版も加えて、広く〝キリシタン版〟と称することもある。しかしここでは天正使節との関わりから狭い意味に限定すると、今日伝存しているキリシタン版は、和文・ローマ字・欧和混用・欧文合わせて三十余点である。内外人学生用の教科書類が主であり、教理書・宗教文学・内外の古典文学・文典辞書等である。なおキリシタン宣教師の文化的貢献については、後述する。

天正使節に対する今一方の慶長遣欧使節についてであるが、これは多くの点で対照的である。教会側の企画者は、フランシスコ会のルイス・ソテロである。先のヴァリニャーノとは異なって、スペイン系の托鉢修道会士である点が、この使節の性格をよく物語っている。また天正使節を遣わした三大名と違って、家臣の支倉六右衛門をスペイン国王やローマ教皇のもとに派遣した伊達政宗には、明確に目的意識があった。慶長使節は、このソテロと政宗の思惑が合致して企画・実行されたことだと言ってよい。ソテロの側の主な狙いとは、スペイン系司教区の創設にあったようだ。先に記述した通り、ポルトガル系イエズス会士による布教実績の上に立って、天正一六年(一五八八年)

豊後府内に、ポルトガル国王の布教保護権下の司教区が設置された。これに対しスペイン系托鉢修道会士は秀吉や家康の対フィリピン外交を利用して日本布教の拠点を築き、イエズス会と競って教勢拡大に向けて努力した。その日本布教正当化に向けての努力の成果であるが、一六〇〇年一二月一二日付教皇クレメンス八世の小勅書は、スペイン系修道士がポルトガル領インドを経由して日本に入国することを許可した。続いてパウルス五世は一六〇八年六月一一日付の小勅書において、右のポルトガル領インド経由という条件を撤廃した。この決定は日本布教をめぐる修道会間の抗争という観点から大きな意味を持つが、しかしここに至ってようやく正当化された彼らの日本教会も、カトリック教会組織の上では、イエズス会士が司教座を占めるポルトガル系府内司教区の内に含まれることになり、彼らとしてはこれでもなお、満足には程遠いものであった。彼らの目指す所は、イエズス会士を日本から排除することが不可能である以上、日本を分断して府内司教区とは別に、スペイン国王を保護者とする司教区を創設することであった。その方向に向けて最初に具体的話題に上ったのが、仙台伊達藩にこの司教区を設ける案であり、その運動の中心にソテロがいた。

政宗とソテロとの関係は、江戸におけるフランシスコ会医療活動を通して、政宗がソテロを知ったのがきっかけのようである。その後ソテロが宣教師として初めて仙台に布教し、政宗は自らキリシタンについての話を一通り聴いたばかりか、ソテロの領内布教に対して援助を与え、寺社の破壊まで行なったと言う。ソテロがフランシスコ会の布教を一層発展させ、併せてスペイン系司教区の創設というその年来の野望を実現させる上で、伊達氏の城下はいろいろ重要な条件を充たす、まさに願ってもない土地であったと言ってよい。一方政宗の方の意図は、主としてメキシコ貿易にあったとみてよく、これには家康の思惑も絡んでいたようである。

日本＝メキシコ間貿易であるが、これが進展拡大するだけの条件は備わっていなかった、と言わねばならない。すなわち、メキシコ側が日本に求めたものは、武器類と中国産の商品の日本からの再輸出であるが、この再輸出自体すでに実現性のない期待に過ぎない。一方メキシコから日本への輸入については、ヨーロッパ産の織物類が考えられていたらしいが、その種の商品では、日本で中国産の生糸・絹織物等との競争に勝ち残れない。それは、例えばイギリス人の例から明らかである。そういうわけで、日本＝メキシコ間貿易自体は、ほとんど期待出来ないものであるはずだが、どういう展望を描いたものか、家康や政宗はこの実現に向けて一歩踏み出したわけである。

このソテロと政宗の思惑に関して言えば、結果的にこの度の遣使は全く失敗に終わった。要するに布教と貿易の二面から、スペインが奥州に接近しようというその狙いは、ポルトガル＝イエズス会からの妨害工作を被ったばかりか、肝心のスペイン関係者の間にも、もしも日本＝メキシコ間貿易が開かれることになれば、その影響を被る者も出て来るわけで、その方面からも邪魔が入った。加えてソテロ個人に対する不信感も、マイナスに作用した。ソテロ自身仙台に司教区が設置されたら、そこの司教に就任したいとの野心があったようで、それでは関係者のソテロに対する信望が離れるのも致し方ない。しかし何にもまして、日本で禁教令が発布され、迫害が始まったとの情報がヨーロッパに伝わったことは、ソテロの立場を決定的に不利にした。伊達政宗がいかに強大な大名で、その庇護下に教会の前途の明るいことを誇大宣伝していたことが、裏目に出てしまった。形勢の悪化を感じたソテロやフランシスコ会関係者、そこに支倉六右衛門も加わって懸命に巻返しに出た。日本から伝わった大坂の役(冬の陣)についての情報を利用して、この戦役の結果キリシタン教会に対する迫害が止むなど、情勢が急速に好転したことを宣伝したりした。あるいは事実そのような虚偽の情報が、もたらされたのかも知れない。しかし諸情勢はソテロに利あらず、今回の遣使は何ら成果を収めることなく終わった。

第十二章　キリシタン教会の文化的活動

天正遣欧使節の帰国時に活版印刷術がもたらされたことは、先に述べた。しかし教会の文化的活動はキリシタン版に限るものではないので、一応総合して少し記述する。キリシタン教会の文化的活動の分野としては、文学・語学・芸術・自然科学等が挙げられよう。このうち文学は、聖伝（聖書以外でキリスト教教理を伝えるもの、と解してよい）を含む教理書と、キリスト教と直接関わりのない純粋の文学書から成る。ここでギリシア・ラテン文学の一部が、訳書あるいは断章が引用される形で紹介されている。その代表例はイソップ物語であろう。これはローマ字口語訳（『エソポのファブラス』）・国字文語訳（『伊曾保物語』）の、二通りの訳書が刊行された。後者はいわゆるキリシタン版ではなく、慶長・元和以降およそ一〇回刊行された古活字本である。両本の祖本となった、キリシタンの手になる文語訳があったようである。本書が教訓物語として信徒・非信徒の間で、広く読まれたことは特筆されてよいであろう。

教会関係者の日本文学に対する造詣の深さを示すものとしては、『平家物語』『太平記』『倭漢朗詠集』の刊行をまず挙げるべきであろう。『平家物語』は、イエズス会教育機関で使用する日本語および日本史の教科書として口語体で編纂され、ローマ字で出版された。筋立ては、当時の流布本とほぼ一致している。教会が『平家物語』を右の目的で取り上げたのは、代表的な戦記物語として広く愛誦されていたからであろうが、同時にその全篇を貫く現世の無常感には、共鳴を覚えたからでもあろう。琵琶法師の中にイエズス会に入会して布教に携わる者のいたことも、指摘せねばなるまい。『太平記』は、正確に言えば『太平記抜書』であり、同じ軍記物語でも、当時の流布本の抜粋再録(国字)であって、文章を改めていないから、キリシタンの文学作品として取り上げるべきものではない。『倭漢朗詠集』は、この書名を冠してはいるが『倭漢朗詠集』は上巻のみで、以下『九相歌』『無常』『雑筆抄』(手紙を書く上の独特の文章表現を学ぶための書物)『実語教』(幼童の教訓書)『直実状』『返状』(熊谷直実の書状と彼への返状)『義経申状』『勧学文』(中国の聖賢七人の勧学の詩文)と続く。詩歌を解し、上手に手紙が書けることは当時教養の基本であったが、そのための代表的手本に加え具体的教訓の書を配して編纂したものだと言ってよい。『平家物語』『エソポのファブラス』と合綴した『金句集』は、一五九二~九三年天草で出版された。金言・金句つまり〝道徳的な成句〟二八二を集めローマ字にしてアルファベット順に並べ、それぞれを口語訳した〝心〟が書き添えてある。編者は日本人信徒であろうが、不明である。成句については、なお出典不明のものを残すようである。

キリシタン教会の日本語学研究の見地から、更にいくつか取り上げる。宣教師にとって日本語の修得は布教上必要不可欠の実用学問であったが、それは教会が編纂した辞書・文典等に結実している。一五九八年長崎で刊行された『落葉集』は、漢字辞書である。もちろん国字印刷である。『落葉集本篇』『色葉字集』『小玉篇』の三部から成る。『落葉集』は字音によって字形を求め、併せ和訓を知るためのもの、『色葉字集』は和訓によって字形と字音とを知るためのもの、最後の『小玉篇』は字形によって字音と和訓とを知るためのものである。わが国における近世辞書史上、重要な位置を占める作品と評価されている。辞書として特筆すべきものには、更に『日葡辞書』がある。一六〇三年に長崎で本篇が、翌〇四年にその補遺が出版された。宣教師は、日本語で説教をすることと、日本人の日本語による告解を聴くことの二つが必要であった。前者については、彼らは清雅な日本語の使用に心がけ、京都語を修得してこれを話し言葉とするよう努めた。『エソポのファブラス』『平家物語』等の書物はいずれも、一面この要請に応えるものであった。その一方で宣教師は聴罪司祭として、各地各層の日本人の語ることを、聴き取らねばならなかった。方言・卑語の類も聴き取り、理解せねばならなかった。しかし宣教師自らはそれを使用してはならない。『日葡辞書』の編纂には、この点に配慮が払われている。日本語の語義をポルトガル語で説明する対訳辞書が作られたのは、日本イエズス会教会内では、ポルトガル語が主要言語であったからである。日本語の対訳辞書を作る必要は布教当初からあったわけで、事実その編纂の歴史は古く、ザビエルと一緒に来日したイルマン・フェルナンデスが、簡単な日葡・葡日辞書の稿本を作ったのがその初めであるが、これは伝存していない。その後フロイスや、府内コレジオで日本語の教師を勤めた日本人イルマン養方パウロ等が中心となって、より優れた辞書の編纂に向けて努力が続けられた。『日葡辞書』は、これら先行努力の集積の上に作られたものである。長崎のコレジオで教育に関係した、内外複数の人々の共編である。ただその作業を統括した中心人物は、ポルトガル人イエズス会士フランシスコ・ロドリーゲスであったとする説が有力である。見出し語は全部で三万二二九三語にのぼり、この収録語はイエズス会の布教範囲から当然のことであるが、近畿と九州の方言に偏し、それ以外も西日本を出ない。そして右に記した通り、上方の語を標準語としてそれを使用するように導く編纂方針を取っている。卑語・婦人語等の特殊語についても、慎重な扱いをしている。とにかく、当時わが国には漢字を中心とした辞書の外には、和歌・連歌の用語を収めた簡単な辞書しか存在しなかった。各地各層の日常の話し言葉を広汎に取り上げ、ポルトガル語で詳細に説明を加えたこの『日葡辞書』は、国語資料として大変貴重なものである。

『日葡辞書』と並んで、キリシタン教会の日本語研究の到達した最高水準を示すものが、ジョアン・ロドリーゲスの『日本大文典』(一六〇四〜〇八年長崎刊)である。プロクラドールとしての彼の活躍については先に(九四頁)記したが、彼はまた優れた語学者でもあった。辞書同様日本文典についても、先人たちの研究蓄積の上に立って、ロドリーゲスの本書および後出『日本小文典』の二書が成立した。特に、アルヴァレス編『ラテン文典』(原著は一五七二年リスボン刊。一五九四年天草版は原著を日本向けに改編したもの）の影響を強く受けている。単に抽象的な語法の羅列に止まることなく、その記述は漢詩・和歌・連歌、内典外典の文体、書状・誓紙・願書・訴状・折紙等の様式、幼名・仮名・唐名・官名・受領名・実名・剃髪者名・姓氏等の人名、数詞とその用法、計算に関する語法、度量衡、名数一般、年・四季・月・日・時刻等時間に関する語法、年号、天皇年代紀等に及び、具体的な事例を豊富に示す。『日葡辞書』と相まって、当代の日本語をあらゆる角度から説き尽くした感がある。ロドリーゲスは更に『日本小文典』（一六二〇年マカオ刊）も著述した。右の『日本大文典』を簡約にしたものであるが、日本語文法の体系化という点では前著より優れ、外国人宣教師が日本語を修得するのに適した順序と方法が考慮されている。

キリシタン教会の文化的活動としては、自然科学も忘れることが出来ない。中世ヨーロッパでは、神の問題と自然の問題とは、結びつけて思考されてきた。キリスト教によれば人間と自然は共に神の被造物であるが、対等の立場ではなく、人間は自然より優位に立ち、自然を支配する使命を与えられた。すなわち、人間は創造主である神に従うのと同時に、同じく神によって創造された自然に対して責任を持つ立場にある。そしてしかも神は、人間を含む全世界を過去から未来にわたって不断に支配し、秩序付ける。自然の法則はすなわち神の秩序である。しかしこの自然の法則は、人間には未知のものである。従って自然を支配するには、自然を客体として、それについて知ろうと努めねばならない。自然の法則を知ることは神の秩序を知ることであり、神を認識することになる。

目で見ることの出来ない神の存在を、目に見える自然を通して知覚出来ると考えた。このようなキリスト教的自然観こそが、自然観察と自然法則探究の原動力となったと言える。キリシタン教会のコレジオで自然科学が講ぜられたのも、このような理由だと考えてよい。

コレジオで講ぜられた自然科学がどのようなものであったかは、自らコレジオで講義を行なったペドロ・ゴメスが著述した『要綱《コンペンディウム》』(一五九三年)を通して、知ることが出来る。『要綱』は三部から成るが、その第一部が『天球論』であり、天文学・暦学・地質学・気象学等の問題を取り扱っている。地球が球状であることを知らなかった当時の日本人に対し、ヨーロッパで定説となっていた宇宙像・世界像を簡潔に紹介するのを目的としたものである。ゴメスがこの『天球論』を著述するに当たって第一に典拠としたのは、一三世紀前半のイギリスの数学・天文学者ヨハネ・デ・サクロボスコの『天球論』であった。ギリシアに源流を持つ天文学は、中世スコラ学として継承され、発展したが、このサクロボスコの著書により一応の完成を見、四〇〇年以上にわたって本書は各国語に訳され、合わせて一〇〇版を重ねたばかりか、ヨーロッパの各大学において、天文学の教科書として使用された。初期のポルトガル航海者たちが、必要不可欠の天文学を学んだのも、本書によってであった。

ゴメスが次に典拠とした文献は、アリストテレスの学説にトマス・アクィナスが註解を付した書物である。つまりゴメスは、その当時最も権威ありと考えられていた右の二点の著作を拠り所として、彼自身の学識をもって『要綱』を執筆したわけである。暦法についても、ローマ時代以来用いられてきたユリウス暦に誤差が生じたために、一五八二年グレゴリウス暦に改められた。この暦はキリシタン宣教師によって、わが国に直ちに伝えられ、一五八四、五年から教会の暦などに使用された。このグレゴリウス暦について、日本で初めて理論的解説を行なったのが、このゴメスの『要綱』であった。その天文学を構成する宇宙観は、古代ギリシア、プトレマイオスにより一応完成された天動説である。となるとコペルニクスが一五四三年『天球の回転について』を出版して地動説を唱えたことに触れねばならない。コペルニクスの学説は、すべてにわたり革命的な理論から成り立っていたわけではなく、古代ギリシア以来の伝統的思考も多く残している。地動説もコペルニクス以後一挙に普及したわけではない。彼一人が天文学において近代科学を樹立したのではなく、彼の学説はその後何人もの学者によって補正・立証され、一七世紀を経て定着したと言ってよい。ゴメスが日本のコレジオで天文学を講ずる教科書を執筆するに当たり、その時代にあって最も権威ありとされていた学問体系に拠ったのは、止むを得ぬ面もあったと言うべきであろう。いずれにせよ、その当時の日本には体系立った宇宙観は存在せず、それはイルマン不干斎ハビアンが儒学者林羅山と論争した際、地球の球形であるとする説に対し、羅山はただ嘲笑するだけで一顧だに与えなかったことにも、表われている。そのような中でイエズス会コレジオにおいて、右のような自然科学教育が行なわれたことの意義は、認めねばならない。

第十三章　豊臣政権とキリシタン

信長とキリシタンとの関わりであるが、信長がまだその統一事業の緒についたばかりのところで没したこともあり、特にその政権の対教会政策として特筆すべきものは、あまりないように思う。信長は一向宗勢力との対決に、そのエネルギーの大半を割かねばならなかったが、それに比して信長政権の終わり頃にしてようやくヴァリニャーノが来日し、教会組織が形をなしつつあったキリシタンなど、あまりにも弱く、取るに足りないものであったと言わねばならない。第一キリシタン教会の本拠九州は、まだ信長の勢力圏のはるか外であった。教会はまだイエズス会単独で、後のように各派入り乱れて雑音を立てることもなかった。一向一揆に対抗してキリシタンを保護した、との見方もあるが、両者はその勢力地盤を異にしているし、キリシタン教会には一向宗に対抗出来る力などなかった。信長がそのような狙いからキリシタンを保護し、これと友好関係を保持した、と見るのは無理ではなかろうか。彼が政治的に教会を利用したことは確かにあったが、それをあまり強調するのは疑問であろう。信長が中世的権威の否定者という一面を持っていたことは明らかであるが、その彼がキリシタン教会に具体的に何かを求めたというより、ただ何となくその好奇心を充たし、自尊心を満足させ、しかも在来の仏教各派と異なって危険性が少ない——その当時は——、といった程度の認識であったと見てよいのではないか。

これが豊臣政権になると事情は一変する。九州を含む全国を統一した秀吉は、当然信長とはキリシタン観を異にしたと言ってよい。教会も信長時代に比べ目覚ましい発展を遂げた。それは長崎の現実によく現われている。秀吉の対教会政策の基本は、キリシタンの抑制及び貿易の奨励と統制にあった、と集約出来よう。

天正一五年六月(一五八七年七月)秀吉はキリシタン禁令を発布するが、その直前にイエズス会日本準管区長コエリョのもとに使者を送り、次のような詰問を突き付けた。

(一) 何故にパードレはかくも熱心に勧め、また強制してキリシタンとなすか。
(二) 何故に寺社を破壊し、仏僧に迫害を加えてこれと融和しないか。
(三) 何故に、人に仕え有益な動物である牛馬を食するがごとき道理に背いたことをするか。
(四) 何故にポルトガル人は多数の日本人を買い、奴隷としてその国に連れ行くか。

このような思いもよらぬ詰問を受けた準管区長は、折り返し次のように答えた。

(一) パードレが艱苦を嘗めてヨーロッパから渡来するのは、救霊のためである。それゆえ力の限り改宗せしめようと尽力するが、強制はしたことがない。
(二) 神仏の教えでは救いが得られぬことを悟った日本人が、自ら寺社を破壊したのだ。

㈢ パードレ・ポルトガル人共に馬肉を食する習慣はない。牛肉は食べるが、それを止めることを殿下が望むなら、止めるのは容易である。

㈣ ポルトガル人が日本人を買うのは、日本人が売るからで、パードレはこれを悲しんでいる。殿下が、諸港の領主に日本人を売るのを止めるよう命じ、違反者を重罰に処すなら、容易に停止するであろう。

右の秀吉の詰問と、それに対する準管区長の回答について検討する。まず第一、日本人の改宗に強制があったか否かの点である。先に、キリシタン大名を介しての上からの大量改宗の問題に触れた。日本では改宗は殿次第で教会は強制力を持たない、と嘆いたパードレがいたことも記した。武力に訴えてでも日本をキリスト教国にすべきだ、というような強硬論まで聞かれたことは、パードレに改宗の強制が出来なかったことを裏付ける。しかし上から下へ、領主の有形無形の圧力による大量改宗が現実に行なわれた以上、そしてまたパードレもそれを狙ったのなら、この㈠の詰問も、的外れとも言えない。

㈡の寺社破壊について、それをパードレが行なったとする秀吉に対し、日本人信徒が自主的に破壊したのだという回答は、どうであろうか。このキリシタンによる寺社破壊の問題は、先にいってキリシタン邪教思想のところで取り上げるが、実際に手を下して破壊したのが日本人信徒であっても、パードレがそれに無関係であったかのごとく強弁しても、それは無理である。イエズス会宣教師の指示によって、寺社の破壊が行なわれた事例は少なくない。

㈢の牛馬食肉についての問答は、特に言及するほどのことではなさそうである。

㈣の日本人奴隷海外売却に関するやりとりについて、その背景を少し述べる。まずこの当時日本人が海外に売却されていたことを明確に示す史料として、『九州御動座記』（天正一五年〈一五八七年〉七月成、著者不詳）の一節を挙げる。天正一五年秀吉が島津氏を討伐するため、九州に出陣した時のことを記録した書物である。「〔伴天連等〕日本仁を数百男女によらず黒舟へかい取、手足ニ鉄のくさりを付、舟底へ追入、地獄の苛責ニもすぐれ、其上牛馬をかい取、生ながら皮をはぎ、坊主も弟子も手づから食し、親子兄弟も無二礼義一、只今世より畜生道有様目前之様ニ相聞候、見るを見まねニ其近所の日本仁何も其姿を学、子をうり親をうり妻女をうり候由、つくづく被レ及二聞召一、右之一宗若御許容あらバ、忽日本外道之法ニ可レ成事案中候、然ば仏法も王法も可二相捨一事を歎被二思召一、忝も大慈大悲被レ廻二御思慮一候て、既伴天連の坊主本朝追払之由被二仰出一候」。伴天連の影響で、日本人の海外売却などの悪弊が横行していることを耳にした秀吉が、これを放置して日本が外道之法に堕ちるのを傍観することならじと、伴天連追放令を発布したと記している。


右の史料には、パードレ自身が日本人を売買したように書いてあるが、これをポルトガル人に置き換えると、彼らが日本人を購入、奴隷として海外に売却したことははっきりしている。問題は教会の姿勢であるが、日本司教マルティンスが一五九六年に、また司教セルケイラが慶長三年〈一五九八年)に、日本人男女を購入して海外に船載することを禁じ、違反者は破門罪に処すことを定めた。本国のスペイン＝ポルトガル国王も、日本教会からの要請に応えて、一五七一年に続いて一六〇三年頃再びこれを禁ずる命令を下したようである。しかし国王はその後、ゴア市からの抗議を受けて一六〇五年、正当適法なる名目と法の許容せる事情ある時も日本人奴隷を禁ずるのは、朕の本意に非ず、との曖昧な態度を示した。国王はこの問題については他動的で、日本教会の要望を受けて一応禁令を出しはしたが、それを励行する誠意などなかったと言ってよい。イエズス会士ジェロニモ・ロドリーゲスが一六一八年一月にマカオで作成した日本のコンフラリア一般の掟にも、キリシタンの少年少女を異教徒に売ったり海外に売ったりすることを、科として禁じている。それがなお行なわれていたことを物語っている。

　ただし、ここで断っておかねばならないが、右に述べた限りでは、日本人奴隷を売買したのはあくまでポルトガル商人であり、イエズス会士はその禁止に向けて尽力したということになるが、当時のイエズス会自体、世界各地で奴隷使役の上に成り立っていた、という点を忘れてはならない。新大陸におけるイエズス会の砂糖きび栽培も、黒人奴隷の使役によるものであった。日本を含む世界各地の、さまざまな屋内労働についても同様である。日本イエズス会が奴隷の売買をした記録が、会計帳簿に記載されているし、朝鮮布教を行なったセスペデスは、日本人奴隷売買に関わったようである。またジョアン・ロドリーゲスが、有馬氏からインド副王のもとに領内の少年少女たちを進物として送りとどけるのに尽力したこともあった。幾世紀にもわたり、アンゴラの司教やカトリック諸機関は、奴隷貿易の利益を財源としていた。大航海時代ローマ教皇はポルトガル国王に対し、異教徒の奴隷化を公認した。おびただしい数の黒人奴隷貿易(アフリカから新大陸へ)が行なわれたにもかかわらず、明確にそれを非難した教皇文書は、遂に一度も下されなかった。

いささか話が飛躍したが、要するに秀吉の詰問の㈣は的外れなものではなく、これに対するコエリョの答弁は誠実さを欠いた、と言わざるをえない。

もっともこのやりとりであるが、秀吉はコエリョの回答を受け取る以前に、既に断を下してしまっていた。二通のキリシタン禁令の発布と、高山右近の所領没収である。二通の禁令とは、天正一五年(一五八七年)六月一八日付け「覚」と翌六月一九日付け「定」(それぞれ法令の様式)を指す。一般に〝伴天連追放令〟と呼ばれるものは、後者の「定」のことである。共に写しか伝存していないが、「定」の方はキリシタン宣教師が相符合する訳文を書き遺しており、伝存する写が正文を正確に伝えるものであることは、疑問の余地がない。

これに対し六月一八日付け「覚」の方は、当の宣教師たちの反響が明確に伝わっていないこと、多少趣旨を異にする二通が一日違いで発布されたことへの疑問等から、昭和一四年渡辺世祐氏によって紹介されて以来、さまざまな説が唱えられ、果ては一時偽文書説まで出現した。しかし今日では、良質の写が複数伝存することも判明し、二通の法令が一日違いで発布、施行されたことは明らかである。重要な文書であるから、二通を次に掲げる。

覚

一(1)伴天連門徒之儀ハ、其者之可レ為二心次第一事、
一(2)國郡在所を御扶持ニ被レ遣候を、其知行中之寺庵百姓已下を心ざしも無レ之所、押而給人伴天連門徒可レ成由申、理不盡成候段曲事候事、
一(3)其國郡知行之義、給人被レ下候事ハ當座之義ニ候、給人ハかはり候といへ共、百姓ハ不レ替もの〔二〕候條、理不盡之義何かに付て於レ有レ之ハ、給人を曲事可レ被二仰出一候間、可レ成二其意一候事、
一(4)貳百町二三千貫ゟ上之者、伴天連ニ成候ニおゐてハ、奉レ得二 公儀御意一次第〔二〕成可レ申候事、
一(5)右之知行より下を取候者ハ、八宗九宗之義候條、其主一人宛ハ心次第可レ成事、
一(6)伴天連門徒之儀ハ一向衆ゟも外ニ申合候由、被二聞召一候、一向宗其國郡ニ寺內をして給人へ年貢を不レ成并加賀一國門徒ニ成候而國主之富樫を追出、一向衆之坊主もとへ令二知行一、其上越前迄取候而、天下之さはりニ成候儀、無二其隠一候事、
一(7)本願寺門徒其坊主、天滿ニ寺を立させ、雖二免置候一、寺內ニ如二前々一ニは不レ被二仰付一事、

一(8)國郡又ハ在所を持候大名、其家中之者共を伴天連門徒押付成候事ハ、本願寺門徒之寺内をたて候よりも不レ可レ然義候間、天下之さわり可レ成候條、其分別無レ之者ハ可レ被レ加二御成敗一候事、

一(9)伴天連門徒心ざし次第ニ下ゝ成候義ハ、八宗九宗之儀候間不レ苦事、

一(10)大唐南蠻高麗へ日本仁を賣遣候事可レ爲二曲事一、付日本ニをいて八人之賣買停止之事、

一(11)牛馬を賣買殺し食事、是又可レ爲二曲事一事、

右條ゝ堅被二停止一畢、若違犯之族有レ之は忽可レ被レ處二嚴科一者也、

天正十五年六月十八日　〔朱印〕

(神宮文庫蔵『三方会合記録』巻二。平井誠二「『御朱印師職古格』と山田三方――豊臣秀吉のキリシタン禁令をめぐって――」(『古文書研究』二五号)による)。

定

一(1)日本ハ神國たる處きりしたん國より邪法を授候儀、太以不レ可レ然候事、

一(2)其國郡之者を近付門徒になし、神社佛閣を打破らせ前代未聞候、國郡在所知行等給人に被レ下候儀者、當座之事候、天下よりの御法度を相守、諸事可レ得二其意一處、下ゝとして猥義曲事事、

一(3)伴天連其知恵之法を以、心ざし次第ニ檀那を持候と被ニ思召一候へバ、如レ右日域之佛法を相破事曲事候條、伴天連儀日本之地ニハおかせられ間敷候間、今日より廿日之間ニ用意仕可ニ歸國一候、其中に下ゝ伴天連に不レ謂族申懸もの在レ之ハ曲事たるべき事、

一(4)黒船之儀ハ商買之事候間各別候之條、年月を經諸事賣買いたすべき事、

一(5)自今以後佛法のさまたげを不レ成輩ハ、商人之儀ハ不レ及レ申、いづれにてもきりしたん國より往還くるしからず候條、可レ成ニ其意一事、

已上

天正十五年六月十九日　〔朱印〕

秀吉がここでキリシタン禁令を発した理由は、先の詰問四項と右の二通の法令の文面に即して考えるべきであり、また事実そこにほぼ尽くされていると思う。三点の史料の内容は、次のように整理出来よう。ただし厳密に言うと、それぞれの史料の各条項にはいささか相矛盾する内容もあるが、あえて共通項を抽出する。

一、領主層のキリシタン入信に統制を加え、寺社の破壊などを伴う改宗強制を咎めた。その一方で、領主層以外の者たちの自由意思による入信は容認した(詰問㈠・㈡、「覚」1・2・3・4・5・9、「定」1・2・3)。

二、一向宗門徒の弊害を強調して、キリシタンをそれと対比した(「覚」6・7・8)。
三、ポルトガル貿易の奨励(「定」4・5)。
四、牛馬食肉と日本人奴隷海外売却を咎めた(詰問㈢・㈣、「覚」10・11)。

要するに秀吉の狙いは、一向一揆と対比して、教会・領主による家中・地域総ぐるみの強制的キリシタン化の弊害を除去し、同時にこれと切り離してポルトガル貿易を奨励する。日本人奴隷の問題は、統一政権として国家的威信に関わるものと意識したのであろう。キリシタン教会と一部熱狂的信徒の領主の行動を規制して、その本願寺的性格を除き、国内の安定を図ることに主眼があり、その危険がない限り、キリシタン信仰そのものを否定する意図はなかった、と言ってよいであろう。

ところで二通の禁令の具体的課題、すなわちパードレたちの二〇日以内の国外退去と、領主級武士の入信統制は、どのように実施されたか。前者については、準管区長コエリョは、二〇日以内の船出が不可能なことを秀吉に訴えて、猶予を願い、結局それはほとんど実施されずに終わる。後者についても、豊臣政権下で禁令発布後にキリシタンに改宗した者は、宗義智・筒井定次(順慶の養子)・織田秀信(信長の嫡孫)・前田秀以(玄以の長子)などかなりの数に上る。禁令(「覚」)には、公儀すなわち秀吉の許可を得れば入信も可能とあるが、彼らが受洗に当たって秀吉の許しを受けたことはないようだ。秀吉としては、キリシタン教会に一撃を加えて牽制することに主眼があり、必ずしも字句通り強行実施するつもりではなかった、と言えるかもしれない。

「定」に特にポルトガル貿易の奨励を謳っている点であるが、秀吉の海外貿易重視の政策は一貫している。天正一五年四月(一五八七年五月)秀吉は九州遠征の途中、肥後八代で準管区長コエリョとナウ船のポルトガル人一行を引見した。ポルトガル側は豪華な贈物を進呈し、秀吉も彼らを手厚くもてなしたようである。この謁見の席でポルトガル側は秀吉に、定航船渡来のための特許状、並びに他の付帯事項を認めた書状を下付されたい、と願い出た。これは戦時下にあっても、日本の商人たちが自由にポルトガル船に来て取引出来、入港地の領主に船を優遇してもらうためであった。それに対し秀吉は、二通の特許状の作成を命じたという。一通はマカオに、今一通は日本に残すためであった。この特許状は今のところ、知られていない。その席で通訳を務めたのはフロイスであるが、そのフロイスも、右のように書きながら、その特許状その物は示していない。従ってこの点多少疑問が残るし、また事実特許状が下されたとしても、文面は分からない。あまり具体的な事柄にわたっていたとは考えられない。第一、その特許状の話に続いてフロイスは、ポルトガル船が堺付近の適当な港に来航することを秀吉が希望した旨伝えている。コエリョはこの希望に対し、航路・水深など調べ、入港出来る港があれば、ポルトガル人は喜んで奉仕するであろうと答えたという。このようにコエリョが秀吉の希望に添う答え方をしたように、フロイスは記しているが、もしもこの点ポルトガル人が、今後ポルトガル貿易は堺またはその近辺で行なわれるという見通しを明確にしていたなら、そして現実がそのように推移していたなら、その後の秀吉の長崎政策は違ったものになっていたであろう。とにかく、長崎がその後も貿易の中心地であることを前提に、秀吉の対外政策が展開する。長崎は元亀二年(一五七一年)ポルトガル船入港地として開港、天正八年(一五八〇年)大村純忠・喜前父子からイエズス会への〝寄進〟等の過程を経て、ポルトガル＝イエズス会の活動拠点としての性格をますます濃くしていった。現実に長崎で商いをした日本側商人は、上方や九州各地から参集した者も多かったと推定されるので、入港地は長崎でなくてもよかったはずであるが、結局最後までそこに執着したのは、やはりキリシタン教会の中心であったからであろう。秀吉の長崎貿易重視の政策であるが、彼は教会に対するのと同様、ポルトガル船貿易も自分の統制下におくことを狙ったようである。具体的には、中央直命の奉行が長崎におけるポルトガル人との取引交渉に直接介入し、価格の設定に主導権を握り、しかも優先的先買特権を持つことだと言ってよい。キリシタン禁令の発布に続いて長崎を直轄領にしたのも、その政策の一環である。この貿易統制であるが、秀吉は直ちにその実現に向けて着手するが、その際当然考えられる先方の強い抵抗に勝つだけの条件がまだ整っておらず、次代に持ち越されたと言えよう。

第十四章　キリシタン邪教の思想

或る宗教がそれを信じない者から邪教視されるのは、決して珍しい話ではないが、キリシタンについてもそれは当てはまる。キリシタンは邪教だという噂は、伝来直後に既に発生し、その思想は永く江戸時代を通して定着・沈澱し、公には明治新政府がキリシタンを邪教と認定した幕府政策を撤廃するまで続く。もっともそれをもって、この思想が完全に消滅したわけでもないようであるが、そこにはキリシタン時代とは違う別の要因も加わるし、本書の扱う対象でもない。しかしキリシタン時代については、禁教・迫害を語る上で、どうしてもこの問題に触れざるを得ない。

キリシタン邪教思想は、伝来直後に既に生まれている。聖体拝領に葡萄酒を使用することから、キリシタンは小児を殺してその血を吸うという噂が立った。肉食をよくしたためか、外人宣教師は人肉を食べるなどと言い触らされたこともあった。キリシタン邪教観といっても、その中身は時期により、移り変わったと言うべきであろう。公の文書に初めて明記されたのは、前出秀吉の発布した天正一五年六月一九日付け定書の第一条の文言であろうが、秀吉はキリシタンを邪教と認定した理由を、同じ定書の第二・三条で明示している。すなわち、キリシタンによる寺社の破壊である。

まず具体的事例を挙げる。

大村藩の記録『大村郷村記』は、大村純忠の手により、領内の神社仏閣に対するすさまじい破壊が行なわれたことを伝えている。大村家の守護神であった多羅山大権現、その神宮寺の多羅山宝円寺、大村惣鎮守産神である富松大権現、彦山大権現とその神宮寺の円満山観音寺、八幡宮等、主な寺社が軒並み天正二年(一五七四年)を中心に、天正年間に破壊された。このような破壊行為を憎む同書の編者は、キリシタンのことを〝邪徒〟〝南蛮之妖教〟と呼ぶ。

大友氏について記す。宗麟より先に次男親家が受洗したが、その直後の天正四年(一五七六年)相当数の寺院や仏像が破壊され、火に投ぜられたように記録されている。宗麟の受洗は天正六年であるが、改宗後の彼が嗣子義統とともに自領において数多くの寺社を破壊したことは、内外の史料が一致している。大友家の年寄立花道雪が天正八年(一五八〇年)二月一六日付けで、大友家老臣一一名に宛てた教訓の書簡は、領内における寺社破壊を諌めている。すなわち、近年大友氏の政治はみだれ、外との戦いにも勝利なく、他国での評判も悪く、童たちも嘲っている。そればかりか筑前の秋月種実も、大友氏の政治の無道を書き立てて、近国に触れ廻っているが、そこには大友家の重臣初め老若男女が天竺宗を信じて寺社を破却し、神仏を河に投じたり薪にしたりしており、前代未聞だと記してある。実際宗麟は近年理由もなしに寺社領を奪って家臣に給与している。源平時代以来神仏の加護を祈り、義理正路を立てて戦をすることになっている。日本は神国であるから、公私共に信心を専らとし、順義天道に背かぬよう御覚悟ありたい、と。

高山右近が受洗したのは永禄七年(一五六四年)であるが、その高槻領においても同様に寺社の破壊が行なわれたことは、内外の史料が伝えている。すなわち、彼は天正二年を過ぎる頃から、領内の仏僧たちに対しキリシタンへの改宗を強要し、拒否したら彼らを追放し、寺社は焼却したり、利用出来るものは教会に転用したりした。

代表的なキリシタン大名の領内での出来事について記したが、キリシタンによる寺社の破壊、神仏に対する冒瀆の事例は、枚挙に遑がないと言ってよい。それではこれらの破壊行為を、コエリョが秀吉の詰問に対して答えたように、熱心な日本人信徒の自発的行動であって、宣教師が直接指図してやらせたわけではない、と言うことが出来るであろうか。日本の権力者から問いただされると、右のように答える宣教師が、自分たちの布教成果を本部に報告したり、記録したりする文献では、この点正直にありのままを記す。フロイスはその著書『日本史』の中で、コエリョが加津佐で布教した時のことを記述しているが、そこに次のように見える。

加津佐の海岸の近くに、岩殿という岩石の小島があり、その頂上に洞窟があった。悪魔の礼拝堂で、偶像が安置されていた。下の方には仏僧たちが僧院・居宅を構えていた。日本中でも著名な霊場であった。各地からの巡礼者で賑わった。コエリョは口之津にいた時、有馬から退去した仏僧たちは仏像をこの小島に隠しているに違いないと考え、それらの偶像を破壊したいという望みに駆られた。そこでその洞窟に向かった。コエリョ、フロイス、二人のイルマンの外、数名の若者であった。洞窟に入ってみると、果たしてコエリョが考えていた通りのものが、そこに発見された。仏僧たちが各地の寺院から持って来た種々の仏像で、ほとんど一杯になっていた。われわれはそれらを少しずつ取り出し、大きい仏像だけ残った。それは分断しなければ外に出すことが出来なかった。われわれは仕事を早めるために、それに火をつけた。礼拝所・祭壇も同じようにした。コエリョは、口之津の少年たちを召集させた。彼らは行列を作り大声をあげながら、それらの仏像を背にして運んだ。口之津のわれわれの司祭館では、炊事用の薪が不足していた。そこでそれらの仏像は、直ちに割られて薪にされ、かなりの日数炊事に役立った、と。

さらにフロイス著『日本史』によると、コエリョは大村純忠に領内の偶像崇拝を根絶するよう強く勧めているし、また一キリシタン信徒が四旬節に当たり罪の償いをしたいが、と相談を持ちかけてきたのに対し、それなら通りすがりに寺を焼くのがよいと言って勧めた。寺社の破壊は日本人の自発的行為、と秀吉に答えたコエリョ自身の言動であるだけに、興味深い。もちろん歴史上宗派間の抗争から、その種の破壊行為に及んだ事例は多数に上り、キリシタンによるものも、その一齣に過ぎないとも言える。しかしそれでもやはり、日本古来の信仰対象に対する破壊・冒瀆が、海外から渡来した宣教師の指導の下に各地で進められたことが、キリシタン邪教観を生む主な原因の一つであったことは、間違いない。秀吉のキリシタン観を知る上で、前記二つの禁令と共に重要な史料になるのは、帰国途上の天正少年使節一行を伴って日本に再渡来したヴァリニャーノがもたらした、インド副王の秀吉宛て書簡に対する返書である。今日天理図書館の所蔵になる、天正一九年（一五九一年）七月二五日付け関白秀吉のインド副王宛て書簡は案文で、現実にこの文面のものが送られたわけではないが、彼のキリシタン観を知る上の材料にはなり得る。そこにはキリシタンについて、「爾の国土の如きは、教理を以て専門と号す、而して仁義之道を知らず、この故に神仏を敬せず、君臣を隔てず、只邪法を以て正法を破らんと欲する也」と、三教一致の思想的立場に立って、その破滅を企むキリシタンを〝邪法〟と見做している。四年前の禁令とその邪宗観の趣旨は、基本的に同じだと言ってよい。

キリシタンを邪教と見る思想も、時とともに中身が移り変わってゆくと先に記したが、その後豊臣政権の末期になると、〝国を奪う〟〝国を傾ける〟邪宗だとする考えが表面化し、江戸時代に入るとこれがはっきり定着する。二十六聖人殉教の報に接したフィリピン総督が、没収されたサン・フェリペ号の積荷の返還と、殉教者の遺骸引渡しを要求した書簡を秀吉に送ったのに対する返書（慶長二年（一五九七年）七月二七日付け）に、「竊《ひそか》に聞く其の国教法を以て権謀と為す、而して外国を治めんと欲す」と見える。これなどは公的文書に、キリシタン布教にまつわる領土的野心について語られた早い例と言えよう。そしてそれは、先に記した通り、宣教師たちの間で武力行使が論ぜられるようになる時期に、一歩遅れて合致している。江戸時代に入ると終始一貫、キリシタンというとほとんど必ずと言っていいほど、この類いの疑惑が語られるようになる。これまた枚挙に遑がないが、やはり公的文書として、慶長一八年一二月(一六一四年二月)付けで江戸幕府が発布した禁教令を挙げる。「吉利支丹之徒党、適日本に来る。啻に商船を渡して資財を通ずるのみに非ず、叨りに邪法を弘めて正宗を惑はし、以て域中之政号を改めて己が有と作さんと欲す」と見えている。ここでも正宗とは神儒仏の三教を指すが、これに相対するキリシタンを邪法と断定し、日本の政号(政治と命令、すなわち政体の意味に解してよいであろう)を改変して、手中にすることを狙っているとする。単に〝イベリア植民帝国による侵略〟だけではなく、キリシタンを紐帯とした国内の反徳川勢力の結集と、これに対する外国の荷担などを総合しての邪宗論と言うべきであろう。

更にキリシタン邪宗観発生の一要因として、国の法秩序を否定するがごとき、不用意な行動を見せたことを挙げることが出来よう。やはり幕府の禁教令に、次のような文言がある。「彼伴天連の徒党、皆件の政令に反し、神道を嫌疑し、正法を誹謗し、義を残ひ善を損ふ。刑人有るを見れば、載ち欣び載ち奔り、自ら拝し自ら礼し、是を以て宗之本懐と為す。邪法に非ずして何ぞ哉。実に神敵仏敵也」。三教の上に立った日本の法秩序を否定するキリシタンを、邪法と極め付けている。先に述べた通り、キリシタン教会の教えの本義は、権力者に対する反抗など奨励していない。右の禁教令の一節、キリシタンは罪人を拝み是を宗の本懐とする、との件であるが、これは長崎の一人のキリシタンが幕府の法令を犯して、幕府銀座の極印のない銀を京都で両替して入手し、九州にもたらした科で、京都の近くで処刑されたところ、その磔刑の場に多数のキリシタン信徒が押しかけて祈った事件等を指している。宣教師の報告によると、罪人であるキリシタンのためにデウスに祈ったものを、罪人を拝んだかのごとく受け取られたと言う。そうであったとしても、いささか不用意な行動と言うべきで、その波紋は意外な広がりを見せた(なお江戸幕府の禁教政策については第十八章で再論する)。

幕府の禁教令では更に、キリシタンが祖先崇拝をしないことも指摘されている。また幕府のキリシタン取締の衝に当たった、宗門改役井上政重の記録『契利斯督記』には、キリシタン宗では盛んに奇跡を説くが、日本においてその危急存亡に際し一向にこれが見られない。人を惑わす邪法である、との記載がある。江戸時代を通して多数著わされた排耶書には、キリシタン教義の端々を捉えては邪教・妄説と強調する。禁教ゆえに生まれた邪宗論もあろう。しかし、統一政権の反キリシタン政策との関わりから見た場合、キリシタンが邪教視された主たる要因は、右のような点ではないかと思う。

第十五章　江戸幕府とキリシタン

ポルトガル人の東インド貿易は、古くから行なわれてきたヨーロッパと東邦を結ぶ交易に、新たに参入したものである。彼らは海上航路を開拓したことにより、東邦の物産をヨーロッパに提供する上で、断然有利な立場に立ったが、基本的に東邦で産出する香料とりわけ胡椒と、銀(南ドイツ産のちに新大陸産)との交易から成る仲介貿易であった点、前代以来の貿易の性格が大きく変わったわけではなかった。

これに対し、大航海時代の一方の主役スペインの新大陸貿易は、いくつかの点で性格を異にした。まず何よりも商った商品であるが、新大陸からスペインへは金銀とりわけ銀が大量にもたらされた。これに対し、新大陸に輸出された商品は多様ではあるが、最も重要なものは毛織物であった。スペインは古くから羊毛の生産国であるが、スペイン国内産だけでは新大陸の毛織物需要を充たすことが出来ず、南ネーデルラント(スペインの属領)及びイギリス産の毛織物がスペイン人によって新大陸にもたらされた。つまり新大陸貿易は、ヨーロッパにおける工業生産の発達を促す作用があった。南ネーデルラントとイギリスの廉価な毛織物が新大陸にもたらされるようになった反面、スペインの毛織物工業は一六世紀半ばに頂点に達し、以後衰退に向かう。それはすなわち、新大陸からもたらされた銀の多くが、スペインを素通りして国外に流出したことを意味した。これはスペイン国王(ハプスブルク家)の経済基盤を弱体化するものであり、このため国王はネーデルラントに対する軍事的支配を強化し、新興ブルジョア階層に信仰基盤をおくルター派・カルヴァン派を弾圧した。

一六世紀末〜一七世紀初の世界史上の大事件は、第一にオランダの独立である。オランダ独立戦争の過程で、一五八一年北ネーデルラントの七州がスペインから独立、ネーデルラント連邦共和国(すなわちオランダ)が誕生した。南ネーデルラント一〇州はその後もスペインの属領の地位に留まったが、戦争の被害を受けた南ネーデルラントの毛織物業者の北部への移住などもあり、オランダはその遺産をついで目覚ましい繁栄を見せた。なかでもホラント州とゼーラント州がその中心で、ホラント州のアムステルダムが世界市場の仲間入りをした。一五八八年スペイン無敵艦隊がイギリスに敗北したことは、スペインの衰退を象徴する事件である。

東インド貿易についても、オランダ・イギリス両国はポルトガルの独占を急速に侵蝕していった。両国共東インド貿易に必要な銀は、豊富に獲得し得た。独立戦争のためにリスボンから締め出されたこともあって(ポルトガルはスペイン国王の統治下)、一五九〇年代オランダにおいて、東インド貿易を独自に開拓する気運がにわかに高まった。設立されたいくつかの会社を合併して、一六〇二年オランダ東インド会社が成立した。この会社は政府から、東インドにおける貿易の独占を許されただけでなく、軍事・外交・司法・行政など広範にわたる権限を与えられ、東インドの植民・貿易に乗り出した。

このオランダ東インド会社の活動海域は、先に記述したデマルカシオン分割により、フィリピンを除きポルトガル領域であった。そこに新たに進出したオランダは、ポルトガルの既得権を侵すわけで、強い抵抗を受けた。オランダの独立戦争は、一六〇九年オランダ・スペイン間で休戦条約が締結された。この休戦交渉では東インドにおける貿易権が大きな問題になった。当初スペイン側は、この海域でのポルトガルの貿易独占権をオランダが認め、そこから手を引くのと引き替えに、独立を承認する意向であった。この貿易問題が障害となって、一時交渉が中断されたほどであった。このような時に、スペイン＝ポルトガル側の主張の不条理なる所以を世に訴えるために著述・出版されたのが、グロティウスの『自由海論』(一六〇九年刊)である。

デマルカシオン異教世界二分割領有論といい、そこにおける武力征服を正当化したスコラ学的正当戦争論といい、大航海時代のカトリック世界にのみ通用するものである。しかもそれは、イベリア両国の国力・武力の裏付けあって初めて、理念としての意義を持ち得たと言える。貿易立国を目指す新興の非カトリック国オランダが、衰退に向かいつつあるスペイン＝ポルトガルを相手に、東インドにおける自国の活動を正当化するための理論武装をするのは、従って困難なことではなかった。グロティウスは『自由海論』の中で、ポルトガルによる東インド貿易の独占に反対し、それはすべての国民に対して自由であらねばならない、と説く。通商の自由を説くのが主題であるが、それを論証するための根拠として、海洋の自由を論じている。デマルカシオンは海洋の自由を否定するものであるが、通商の自由を主張するには、その前提として海洋の自由が確立されねばならない。彼は、ポルトガルが東インドに行くまでの海、並びに東インドそのものに対して独占権・支配権を有するとの論に対し、発見(先占)によっても、ローマ教皇の贈与によっても、そして戦争によっても、その独占権・支配権は成り立たないということを、縷々論じている。万民法(自然法とほぼ同義)上、海は無主物・共有物・公物等と呼ぶべきもので、私的所有の対象とはならない。またポルトガル人が東インドへの航海を最初に行なったといって、先占権によりその海洋に対する支配権を主張しても、世界のいかなる海も大抵過去に何人《なんぴと》かによって航海がなされているから、その論は成り立たない。さらに東インドに対して、教皇の贈与によりポルトガルが支配権を有するという論については、教皇は全世界の世俗的支配者ではない。異教徒はカトリック教会に属していないので、教皇は彼らに対して何の権限も有しない。教皇がイベリア両国に対して行なった分割の決定は、二国間だけのことで、他国には関係のないことである。東インドに対してポルトガルが発見(先占)により支配権を持つというが、東インドは既に以前から独自の国家・王・法を有し、発見・取得したといっても、守備隊を置いているわけでもなし、取得したとは言えない。また戦争により東インドに対する支配権を得たとの言い分についても、ポルトガル人は東インド貿易を妨げられているわけではなく、キリスト教を信奉しないというだけでは、戦争を正当化する理由にはならないし、また戦争により領土に対する支配権を主張するには、そこを占領しているという実績を要するが、ポルトガル人は東インドの全域を占領したことなどない、と。

要するにカトリック教会によって正当化された、イベリア両国の東西インド領有体制に対し、グロティウスは普遍妥当性をもった合理的立論により、これを否定したと言ってよい。理念は現実から全く遊離しては、成り立ち得ないものであろう。カトリック教会の目的は不変であるが、イベリア両国の国運が衰退に向かった以上、両国に密着した従来の布教体制をいつまでも墨守するわけにはゆかず、布教体制の転換を模索せねばならなかった。そのような中でイベリア両国は、旧来の教俗両面の権益を擁護する姿勢を強める。それに加えて、オランダ・イギリス両国の東インド会社の通商網の中に日本が組み込まれた事実(ただし、イギリスはわずか一〇年で対日商戦に敗退し、一六二三年商館を閉鎖)も、重要な意味を持つ。これらのことを念頭において、江戸幕府のキリシタンに対する対応を見てゆきたい。

執政当初の徳川家康のキリシタンに対する姿勢は、微妙である。まず彼は、秀吉の天正一五年のキリシタン禁令を破棄しなかったということを、指摘せねばならない。それだけでなく彼は、積極的に禁教の意思表示をしている。それは、カトリック国との通交貿易の開拓が関わっている。家康は通交貿易の相手国を、カトリック国から非カトリック国に直ちに乗り換えたわけでは決してない。

家康初政の対カトリック国政策を少し記す。彼は秀吉の死後直ちに、スペイン統治下のフィリピンとの交渉に着手した。潜伏中のフランシスコ会士ジェロニモ・デ・ジェズスに会い、関東の港でマニラ・メキシコとの貿易を開く可能性を探った上で、慶長三年（一五九八年）秋〜冬に堺の商人と思われる五郎右衛門、続いて恐らく慶長四年（一五九九年）秋〜冬には長崎の商人伊丹宗味、そして慶長五年（一六〇〇年）春にジェロニモ・デ・ジェズスと、立て続けにマニラに使者を送った。家康の主な希望は関東における交易であり、それに対するマニラ側の要求は、㈠日本人海賊の取締り、㈡マニラ来航日本船の制限等であった。その後の推移から明らかなように、家康は努めてこの要求に応ずる姿勢を見せた。その甲斐あってか、マニラの対日心証も比較的良くなり、サン・フェリペ号事件、二十六聖人殉教など、最悪の状態にあった関係はかなり改善されたようである。マニラ側にとって、家康の希望に応えることの利点としては、㈠日本におけるキリスト教の布教、㈡日本人海賊の防止、㈢スペイン船の緊急避難、の三点を挙げることが出来る。このうち㈠と㈢に関係するが、エスピリト・サント号事件が発生した。慶長七年（一六〇二年）フィリピンを発ってメキシコに向かう同船が、暴風に遭ってその年の八月（一六〇二年九月）土佐に漂着した。サン・フェリペ号事件の再発を恐れたスペイン人は、港口封鎖をする土佐藩側と戦闘の末、それを突破して脱走した。家康は事件後、土佐藩のとった措置を非とし、フィリピン総督ドン・ペドロ・アクーニャに宛て朱印状（慶長七年〔一六〇二年〕九月付）を与えた。内容は、㈠外国船の緊急避難の保障、㈡外国人の自由な居住と交易の保障、㈢キリシタン布教の禁、以上の三点である。家康初政のキリシタンに対する姿勢として、秀吉の禁令を破棄しなかったことは、消極的意思表示であるが、右の朱印状は、最初の積極的な禁教の意思表示と言ってよい。さらに一六〇四年総督アクーニャが家康に宛て、ドミニコ会宣教師の保護を求める書簡を送ってきたのに対し、翌慶長一〇年(一六〇五年)家康は、日本は神国・仏教国であるとして、キリシタン布教を固く禁ずる旨通告した。

このようにキリシタンに対する家康の意向は、一見極めて明確であるが、しかしそれでは彼が、国内で現実にキリシタンに対してどのような政策をとり、いかなる対応を見せたか、ということになると、話は複雑になる。右に記したようなこととは裏腹に、家康がキリシタンの存在を認めるかのような意思表示をした例も少なくない。例えば、一六〇四年ジョアン・ロドリーゲス(イエズス会プロクラドール)を引見した時に、家康は彼に三五〇タエル(一タエル銀一〇匁)を与え、さらにその年か翌年にもイエズス会に五〇〇〇タエルものかねを貸与した。五〇〇〇タエルといえば、その当時おおよそ一〇〇〇人からの布教団を擁したキリシタン教会の年間経費の約半分にも上る額である。ちなみに織田信長や豊臣秀吉も、キリシタン教会になにがしかの物質的支援をしたことはあった。家康は教会に経済援助をしただけではない。彼は豊臣政権の直轄領長崎を継承したが、慶長八年(一六〇三年)に秀吉以来の長崎奉行(代官と称したようだが紛らわしいので、後の幕府職制に準拠して奉行とする)寺沢広高を退ける一方で、代官村山当安に長崎外町を、高木・高島・後藤・町田の町年寄四氏には長崎内町を、それぞれ引き続いて統治するよう命じた。すべてキリシタン信徒である。長崎は元亀二年(一五七一年)に開港されて以来、住民の増加とともに最初に出来た六町と、その後隣接形成された一八町とを合わせ内町と称し、町年寄が支配し、その外の町々は外町と言って代官が管轄した(なお幕府職制としては長崎奉行がおり、小笠原一庵〔慶長八～一一年〕・長谷川波右衛門重吉〔慶長一〇年〕・長谷川左兵衛藤広〔慶長一一～元和三年〕……と代を重ねるが、幕府初期の長崎奉行は長崎に常駐して政務に携わったわけではない)。つまり家康は長崎の統治をキリシタン信徒に任せ、しかもジョアン・ロドリーゲスがそこに関与することまで認めた。

更に家康は慶長一一年(一六〇六年)、伏見城で司教セルケイラを引見している。長崎奉行小笠原一庵が、仲介の労をとったという。会見にはジョアン・ロドリーゲスも同席して、通訳を務めた。これより先天正一九年(一五九一年)——すなわち禁令発布後——巡察師ヴァリニャーノが聚楽第で秀吉に謁見したのは、あくまでインド副王使節という資格であった。しかしここで家康はセルケイラを、はっきり司教として引見している。その翌慶長一二年、今度はイエズス会日本準管区長パシオが、駿府で家康に謁見し、更に江戸に赴いて将軍秀忠にも拝謁している。この場合も家康は、日本イエズス会の最高責任者という身分のまま、パシオに引見を許した。ドミニコ会は、先に秀吉の対フィリピン外交の過程で、総督の使者としてファン・コーボという宣教師が来日したことはあったが、修道会としての日本布教は、慶長七年(一六〇二年)モラレスを長とする五人の宣教師が薩摩に渡来、島津家久の庇護を受けてその領内で教会活動に着手したのが始まりである。そしてドミニコ会は、家久の希望により、慶長九年(一六〇四年)アロンソ・デ・メーナを伏見に遣わし、家康は彼を引見している。この時の家康の応対から、ドミニコ会側は教会活動の許可を得たと信じた。

このように家康初政の対教会政策は相矛盾した面があり、その真意は摑み難い。家康の禁教志向は、先に述べた通り明確である。それがすぐにそのまま政策化されなかったのは、初政の段階ではまだキリシタンは、緊急に取り上げねばならないような問題ではなかったこと、それともう一つはやはり、貿易振興政策との絡みであろう。家康にとって右に記したような、一面で教会活動を是認したと受け取られるような言動を見せたことの利点としては、外国人宣教師を利用して政権の権威付け・正当化を図ったとの解釈もありうるかも知れない。しかし司教や準管区長は教会内では地位が高いが、彼らを公式に引見したところでどれほどその効果があるであろうか。彼らは果たして徳川政権にとって、そのような利用価値があったかどうか疑わしい。となると積極的メリットがあるとすれば、それは貿易関係に限定される。日本が必要とした生糸・絹織物等中国大陸産の物品の供給という点で、幕政初期においては、ポルトガル人は最大かつ最も安定した仲介輸入業者であった。イエズス会士の長崎貿易への関与と、彼らをそこから排除しようとした秀吉の試みについては、先に記した。家康はこの点初政においては、両者を分離しようという試みをせず、現状をそのまま認めて、その上に立ってポルトガル貿易の振興を図ったと言ってよい。

先に家康が慶長七年(一六〇二年)、フィリピン総督に交易の自由を保障した朱印状を与えた旨記述したが、その朱印状には、停泊・交易地を任意に選ぶことを許す旨明記されていた。家康がスペイン船を関東に誘致しようとしたのは事実であるが、先方に与えた公式文書では、あくまでこの点自由に選択させている。これに対し彼がポルトガル人に対して示した姿勢であるが、恐らく慶長五年(一六〇〇年)に、右のスペイン人を対象とした朱印状とほぼ同様の内容の文書(ただし、禁教をうたった条項はなかった)を、ポルトガル人に与えたという。すなわちポルトガル人にとっては、それは現況の保障である。そして公式文書による禁教の意思表示は、スペイン人に対して一歩先に行なったようである。カトリック信仰という点で全く同じであるにもかかわらず、ポルトガル＝イエズス会側に対して家康が表面的には好意的差別をしたのは、やはりポルトガル貿易に対する思惑からだと考えざるをえない。

イエズス会が一七世紀初頭束の間の平安を享受し得たのは、家康の貿易振興への配慮からであり、この点勘違いをしてはならないということは、在日イエズス会士自身が自戒した文言である。家康の真意は禁教にあるが、緊急性もないので貿易のためにその実施を手控えたに過ぎないとなると、幕府の対教会政策は、外的要因あるいは外的環境の変化により、簡単に転換されるべきものであった、と言える。

第十六章　長崎教会

長崎はポルトガル人の唯一の交易地であり、日本司教・イエズス会準管区長(一六一一年以降は管区長に昇格)の駐錫地であり、そして家康がその市政をキリシタン信徒に任せた(しかもイエズス会士ロドリーゲスがそこに関与)等の事実を考え合わせると、少なくとも幕府禁教令発布頃までのキリシタンに関する重要問題は、長崎に集約されていたと見てよいであろう。長崎のキリシタンはイエズス会士によって切り拓かれ、そして一六世紀を通してイエズス会士の働きによって発展した。一五九〇年代フィリピンから渡来したフランシスコ会士により、布教が行なわれたことはあったが、それは上方においてであった。ほんの少し長崎で布教を試みたが結局定着せず、その時期の彼らの布教は、ほとんど専ら上方に集中した。

一七世紀に入り、フランシスコ会の布教が再開され、慶長七年(一六〇二年)ドミニコ会士(パードレ四人・イルマン一人)とアウグスチノ会士が新たに薩摩に渡来した。フランシスコ会士は、前記の実績に加えて、先に述べた通り家康と接触を持ち得たこともあって、江戸と上方で教会活動を再開した。しかしそれだけで満足したわけではなく、少しずつ活動地域を広げていったが、一六〇八年頃長崎に教会・修道院を建て、一六一二年には、フランシスコ会日本布教長(遣外管区長と称した)が長崎に常駐するようになった。ドミニコ会士は慶長七年(一六〇二年)の薩摩渡来後、しばらく同地でのみ布教を行なったが、一六〇四年管区長代理モラレスが長崎に短期間滞在したのに続いて、メナ、スマラガが長崎に赴いて教会活動をした。更にドミニコ会は、大村・平戸・佐賀・上方などで布教をした。薩摩の島津家久が当初ドミニコ会士を保護したのは、多分に貿易目当てであったようだが、その後スペイン船は、家久の期待通りには薩摩領内に渡来しなかった。このため一六〇八年頃から、彼はドミニコ会士に対する態度を変え、翌慶長一四年三月(一六〇九年五月)にはドミニコ会宣教師を薩摩から追放した。その結果管区長代理モラレスは長崎に移り、教会・修道院を建てた。おのずから長崎は日本ドミニコ会の中枢となった。アウグスチノ会も、日本布教の最高責任者エルナンド・デ・サン・ホセが一六一二年に長崎に進出、ごく小規模ながら同地で活動を始めた。

ここに至って長崎は、四修道会の日本布教本部の所在地となった。一番最後に進出してきたアウグスチノ会は、規模も小さいし、イエズス会との関係もあまり悪くなかった。しかしフランシスコ会とドミニコ会が、一六〇八・九年頃相次いで長崎に本格的に進出したことは、日本キリシタン教会に難問を惹き起こした。イエズス会にしてみると、豊臣政権下の苦難を乗り越えて、家康の時代に入りようやく待ち望んだ平安を得たところであった。そのイエズス会教会活動とポルトガル貿易の要長崎に、スペイン系托鉢修道会が割り込んで来たもので、イエズス会教会が侵蝕されるおそれが出て来た。貿易についても慶長一〇年(一六〇五年)頃より、フィリピンからのスペイン船による対日貿易額が急増した。入港地は明確さを欠くが、その多くが長崎またはその近辺であった公算が大である。スペイン船は日本に対しては、大陸の産物をフィリピン経由でもたらす仲介輸入業者であり、ポルトガル船と利害が競合した。

イエズス会＝ポルトガルの古くからの地盤長崎に、托鉢修道会＝スペインが浸透するには、彼ら自身の努力もさることながら、強力な後ろ楯を必要とした。その筆頭が村山当安である。慶長八年(一六〇三年)正月、家康が、有力町人四人と共に当安に長崎統治を命じたことは、先に記した。当安の受洗の事情は不明であるが、文禄の役のために名護屋に在陣中の秀吉に文禄元年謁見し、洗礼名を訛称した当安の名を賜わったと言われている。その当時既にキリシタン信徒であったわけで、従ってイエズス会士から洗礼を受けたことになる。慶長八年の家康の措置にしても、あくまでイエズス会系信徒当安に対してとられたものと解すべきで、それはジョアン・ロドリーゲスが絡んでいたことからも分かる。その当安が、一六〇五年初〜一六〇七年初の間に一転してイエズス会を離れ、スペイン系托鉢修道会それも特にドミニコ会士の長崎進出とともにその〝大檀那〟となり、イエズス会と敵対する姿勢をとる。修道会間の抗争だけではない。司教＝小教区主任司祭の教階組織もこれに絡んだ。日本の司教区は、先に記した通り、ポルトガル国王の保護下の府内司教区(〝府内〟とは名ばかりで実態は長崎である)が、天正一六年(一五八八年)に創設されたことに始まる。しかし現実にこの司教が日本(長崎)に駐錫したのは、慶長元年(一五九六年)の司教ペドロ・マルティンス(イエズス会士)渡来以降のことである。マルティンスは翌二年(一五九七年)には早くも日本を退去し、代わって慶長三年七月(一五九八年八月)に司教ルイス・セルケイラ(イエズス会士)が来日した。セルケイラは慶長一九年(一六一四年)に死亡するまで、一貫して長崎に駐錫した。司教区内の小教区が長崎に設けられ、小規模ながら教階組織が日本で実現したのも、このセルケイラの時代である。彼が死亡した時点で、日本には七人の教区司祭がいた。設置された小教区は四つであるから、七人のうち四人はその小教区主任司祭を務め、他の三人はそのポストにはついていなかった。セルケイラの死後の一六一五年八月頃、ローマで教区司祭になったトマス・アラキがこれに加わった。小教区主任司祭の一人フランシスコ・アントニオ村山は、長崎代官村山当安の息子であった。府内司教区は、法的にはあくまでポルトガル系であるが、その中で聖務についた教区司祭が皆、司教(イエズス会士)のもとに結束したわけではなかった。セルケイラが創設し、運営した司教区のセミナリオで学び、セルケイラから叙品を受けた教区司祭の中から、スペイン系托鉢修道会の側に走った者もいた。アントニオ村山もその一人である。教区司祭の間にスペイン系修道会の勢力が浸透していったことには、代官村山当安があずかってかなり力があったと言ってよい。村山当安は小教区の教会を建てたり、小教区主任司祭の聖職禄(主任司祭の生活費を含む小教区教会の維持費)を一部負担するなど、経済的貢献もした。教区司祭たちは皆、日本人および日本人と外国人の混血であった。このこともやはり、彼らの動静を考える上で無視出来ない。四つの小教区教会のうち一つは不明であるが、三つは外町に設けられた。ドミニコ会とアウグスチノ会の教会も、同じく外町に建てられた。このドミニコ会教会の創建に当たっても、村山当安が力になっている。スペイン系托鉢修道会が主として外町に浸透し、外町の信徒を主に管轄したのが托鉢修道会であったことは、いくつかの史料から明らかになる。これに対しイエズス会は内町を中心に教会活動を進め、内町を治める四人の町年寄は、イエズス会系の信徒であった。長崎の外町が他修道会に侵蝕され、しかもイエズス会系の司教の下に立つ小教区主任司祭たちが、おおむね他会の側にくみしたことは、イエズス会士にとってまことに憂慮すべき事態であったと言ってよい。そしてその一連の趨勢の陰に、外町を支配する村山当安の影響力が認められたとなると、彼はイエズス会にとって、憎むべき敵であったことになる。この長崎を二分した勢力争いは、その実相といい背景といい、まさにキリシタン布教の抱えるさまざまな問題の集約に他ならない。

この抗争は司教セルケイラの死後、長崎〝教会分裂《シスマ》〟へと発展した。ローマ教皇を首長とする教会の統一に対し、信仰内容の面で背くものを異端と言うのに対し、形の上で教皇の首位権に背くものをシスマと呼ぶ。カトリック教会では〝離教〟の語を充てるが、そこには一方を〝正統〟とする意味が込められており、通常の歴史書では〝分裂〟と称しているので、それに従う。カトリック教会は歴史的に大小多くの分裂を繰り返した。日本キリシタン教会もここで初めてそれを経験するが、日本の場合は、直接ローマ教皇の首位権に背いたわけではなく、府内司教からの分裂である。司教セルケイラは慶長一九年一月八日(一六一四年二月一六日)に長崎で死亡した。司教職の継承者はあらかじめ決められておらず、従って新しい司教が任ぜられて着座するまでの司教空位の期間は、司教座聖堂参事会が司教区を統轄運営すべきところであるが、当時府内司教区にはそれは存在しなかった。そこで七人の教区司祭が、恐らくイエズス会側の言うがままに大して疑問も抱かずに、一月一四日(二月二二日)同会の日本管区長カルヴァーリョを司教総代理に選出した。総代理というのは、権限に一部制約があるものの、ほぼ司教と同じ権能をもって司教区を統轄することが出来た。ポルトガル＝イエズス会系の府内司教区の統轄者に、このような形でイエズス会管区長が選ばれたのは、まず順当なところであろう。

しかしその後、托鉢修道会側が猛烈に巻返しに出た。その先鋒は当時フランシスコ会の遣外管区長であった、ディエゴ・デ・チンチョンである。彼は慶長一九年九月六日(一六一四年一〇月九日)教区司祭たちに対し、カルヴァーリョを総代理に選出した選挙は無効であるとして、適切な善後措置をとるよう要求した。選挙を無効とした表向きの理由は、イエズス会士はあらかじめ総長から許可を得ている場合でない限り、司教などの高位聖職には就いてはいけないことになっている、という点であった。このチンチョンの働き掛けに対する、教区司祭たちの反応は早かった。彼らは、九月一八日(一〇月二一日)司教区に属する信徒たちに対し、総代理カルヴァーリョを罷免しその職務の執行を禁じた、何人も彼を総代理と見做して服してはならない、と通告した。ただし、その文書に署名したのは五人の教区司祭であり、他の二人はそれを拒否した。二人とはパウロ・ドス・サントスとトマス・ドス・アンジョスであるが、ここに教区司祭七人は二派に分かれ、五人がスペイン系托鉢修道会に同調したのに対し、二人はイエズス会にくみした。前者五人の背後には村山当安がおり、彼は教区司祭たちをして、イエズス会から背離させ、ドミニコ会・フランシスコ会に接近させようと画策した。彼ら教区司祭は、カルヴァーリョに代わってフランシスコ会のペドロ・バウティスタを司教総代理に選出した。ここに同じ府内司教区の司教総代理として、二人の人物が名乗りを上げることになった。一方を合法とするなら他は不法となる。日本における教会分裂はこのようにして起こった。

カルヴァーリョは、教区司祭七人による最初の選出(カルヴァーリョを選出)は合法的なものであるが、五人による罷免は無効だという見解をとった。すなわち、司教が死亡し、司教座聖堂参事会は存在せず、従って法律上他の補充措置がとれない場合、そこの教区司祭たちは司教区を統轄する総代理を選出することが出来る。それは自然法に基づく。しかし一旦総代理に選出した者を罷免することは、教区司祭には出来ない。それが出来るのは上位者のみである、という理由である。ゴア大司教も一六一五年四月二五日付けで教区司祭たちに書簡を送り、フランシスコ会士等にそそのかされて、自分たちの師ともいうべきイエズス会管区長に対しいろいろ刃向かってきたことをなじり、同管区長を総代理として認めるよう、また管区長がいない場合は誰であれ、イエズス会の上長を自分たちの司教区統轄者として承認し、その命に服するよう指示し、もしも従わなければ破門罪に処す、と警告した。立場上当然のこととはいえゴア大司教は、ポルトガル布教保護権を擁護する姿勢を、明確に打ち出したわけである。

カルヴァーリョ自身は慶長一九年一〇月(一六一四年一一月)、幕府禁教令の発布によりマカオに渡った。彼はその後も一六一七年一〇月まで、日本管区長の職に留まっていたのであるから、この間府内司教区総代理の地位にあったわけである。これに対する一方の首謀者フランシスコ会のディエゴ・デ・チンチョンも、一六一四年一一月にはマニラに向かって発ち、更にカルヴァーリョの向こうを張って、総代理に選ばれたペドロ・バウティスタも、一六一六年には日本を出国した。反イエズス会の立場に立った日本側の中心人物、長崎代官村山当安も、大坂の役に際し、その息子の教区司祭ともども大坂方に荷担したことが致命傷となって、宿敵末次平蔵との争論に敗れて失脚、元和五年一〇月(一六一九年一二月)に処刑された。平蔵は一時期、イエズス会と親密な関係を持ったようである。

ちなみに府内司教には――つまり司教職としてはセルケイラを継承し、司教区統轄者としてはカルヴァーリョの後を継ぐわけであるが――一六一八年三月にイエズス会士ディオゴ・コレア・ヴァレンテがリスボンで叙階され、一九年マカオに着いた。彼は自分の司教区に着任しないまま、一六三三年一〇月にマカオで死亡した。幕府による禁教・迫害の強化に加えて村山当安一族も没落し、スペイン系托鉢修道会側には既に粘る余力は残っておらず、長崎教会分裂も掛け声の割りにはあっさり片付いてしまった。しかしそれにもかかわらずキリシタン史上において、事件の持つ重要性はやはり大きいと言わねばならない。この教会分裂騒動が、教区司祭たちがキリシタン教会で脚光を浴びた、ほとんど唯一の舞台であったと言ってよいからである。修道会＝植民帝国を背後に持たない彼らは、結局歴史の脇役に終始し、与えられたこの唯一の晴れの舞台においても、ポルトガル＝イエズス会とスペイン＝托鉢修道会との間を右往左往するのみで、日本教会を主体的に運営しようという熱意も実力もほとんど認められず、その背後にあった村山当安も、結局その一方の勢力の長崎浸透のために、利用されただけだとも言えよう。

この事件を経て、キリシタン教会も迫害・潜伏の時代に入るが、修道会間の抗争はますます陰にこもって続けられた。イエズス会系のキリシタン信徒で長崎内町を支配した町年寄の四氏のうち、高木が元和二年(一六一六年)に恐らく真っ先に棄教した。後藤と町田はその後も信仰を堅持した。禁教令発布後しばらくの間、他といささか異なっていわば手加減が加えられてきた長崎教会も、水野河内守守信の長崎奉行就任(寛永三年(一六二六年)～同五年または六年在職)とともに、壊滅的打撃を蒙ることになる。

第十七章　布教聖省の設置と日本

フランシスコ会士ソテロが伊達政宗による遣使に便乗して、スペイン系司教区を奥州に設置しようと策し、結局失敗に終わったことは先に述べた。このソテロの〝遺志〟を継承して運動の中心になったのが、ドミニコ会のディエゴ・コリャードである。彼は一六二二年日本を発ってローマに赴き、一六三四年スペインを発って再び極東に向かうまで、彼地にあって八面六臂の活躍をするがその一環として、日本に複数の司教区の設置を実現すべく尽力した。一六三〇年代という時期の国内情勢を考えれば、ここで新たに司教区を創って司教が着座するなど、およそ非現実的で問題にもならないことであるが、このコリャードの働き掛けが実現しなかったのは、国内事情のためではなかった。

一七世紀に入ると、ローマ教皇庁内に従来の海外布教体制に対する反省、見直しの気運が高まった。反省の対象になったのは、大航海時代の海外布教を支えてきた布教保護権そのものであり、言い換えれば、イベリア両国の国力に頼った布教のあり方に対して、その見直しを迫る声が高まったものである。その趣旨は、海外布教を両国国王に託するだけでよしとせず、教皇庁が主導権を握るべきだというものである。両国の国力の低下がその背景にあり、むしろ従来の布教体制の弊害の方が表面化し、教皇庁もそれを直視せざるをえなくなったものであろう。具体的には一六二二年教皇庁内に〝海外布教地〟の問題を管轄する布教聖省が設置された。この布教聖省の初代書記官に就任し、二七年間その地位にあって同聖省を動かした実力者が、反イエズス会の立場に立ったフランチェスコ・インゴリであった。従来の布教体制の、特にマイナス面についての布教聖省側の認識は、おおよそ次のようなものであった。

一、宣教師が自分たちの教会保護者の政治的・経済的利害を念頭に置いた行動をとる。布教保護権下では布教が基本的に国家事業の色彩を帯びるので、このような傾向が生じるのは当然である。

二、ポルトガル系・スペイン系の宣教師が現実に同じ布教地で活動を進めることがあるが、そのような所では両者の間で激しい対立を生み、教会活動自体の純粋性に疑問を招くことになりかねない。

三、布教保護権では保護者の義務として、教会に対する経済的負担をせねばならないが、現実にはいろいろな理由からそれが満足に履行されていない。

四、布教地における原住民聖職者の養成が軽視されたことも指摘された。国家意識にとらわれた教会保護者・宣教師は、そこの教会を自国の教会と見做しがちになる。当然自国の宣教師がそこの教会運営の主導権を握り、原住民聖職者はあくまで補助的な役割に止めるべきだという考えが強まる。しかしそのような考えに立った教会運営では、布教の現地適応の面で支障が生じることになる。

布教聖省の指摘する右の弊害は、日本キリシタン教会にもそのまま当てはまると言ってよい。そしてこの弊害を認めた教皇庁は、その対策として次のような方針を立てた。

一、布教と政治・植民とを分離する。

二、原住民聖職者を養成し、布教政策を現地の事情に適応させる。

布教聖省はその後世界中の布教地において、教会をイベリア植民政庁から切り離すことに全力を傾ける。つまり布教保護権勢力との角逐が、各地で展開することになる。先に述べたドミニコ会士コリャードが一六二〇年代後半に、日本に新たにスペイン系司教区を創設すべく教皇庁を含む関係各方面に働き掛けを行なったことは、設置後間もない布教聖省に、日本教会の問題に目を向ける契機を与えた。聖省は右に記した方針に沿って日本の問題にも対処すべく、熟慮の末一六三七年二人の名義司教を、イベリア両国の船によらずペルシア経由で陸路日本に送る計画を立てた。名義司教とは、現実に自分の司教区を持ってそこを統轄するものではないので、布教保護権系の司教がいる布教地に送り込んで、原住民聖職者を養成・叙品させるために案出された窮余の策である。二人はそれぞれ一六三九年と四〇年に陸路ゴアに着いたが、そこまで来てこの時期に——既に「鎖国」体制に入りつつあった――日本に入国して教会活動をするなど、全く非現実的なことだということを悟り、そのままヨーロッパに帰った。教会をイベリア植民帝国＝布教保護権勢力から切り離すことを狙う布教聖省と、旧来の既得権の擁護を図る側との間の確執は、その後永く各地で繰り広げられるが、東インドと西インドではこの問題の推移に違いが見られた。西インドでは、スペインによる植民地統治が強固で、一九世紀に入り、かつて植民地であった所が独立するまでは、聖省側は従来のカトリック教会組織に容喙することは出来なかった。これに対しポルトガル圏の東インドは、初めから植民地統治が強力に行なわれたわけではなく、しかもすぐ続いてフランスの東洋進出もあり、西インドとは異なった展開を見せる。とくに一七世紀半ばにはフランスに教区司祭による布教団であるパリ外国宣教会が組織され、フランスの東洋進出と軌を一にして、フランスと教皇庁の支援を得てアジア布教を開始した。特にインド・シャム・インドシナの各地に、徐々にフランスの国力を背景に、布教聖省の派遣した代牧（名義司教と性格が類似、主要な権能は司教と同じ）が勢力を伸ばしていった。幕末にわが国に渡来してカトリック再布教を行なったのも、これらフランス系の宣教師である。

大航海時代を担った一方の推進力であるカトリック教会の海外布教体制は、このように大きな転換期を迎えていた。イベリア両国国王の〝布教地の教会保護者〟としての役割は、既にその歴史的使命を終えたと言ってよい。もちろん教会は独自の活力を持つ。布教聖省の設置は、従来の海外布教体制の弊害が表面化したのに即応して、カトリック教会が新たな展開を試みたものである。そして教会が認めた弊害とはどのような事柄かは、先に記した通りであるが、まるで日本教会に特に注目したかのごとく、その弊害はどれもキリシタン教会を蝕んだものばかりである。やはりカトリック海外布教史の大きな転換を、感じないわけにはいかない。江戸幕府のキリシタン禁教令は、布教の行方に重大な影響を与えたことは言うまでもないが、それだけが日本教会の命運を決したかのように考えるのは、視野を無理に国内のみに狭めるものである。

第十八章　江戸幕府の禁教令

カトリック海外布教史の転換期と合致してはいたが、現実に日本教会を壊滅状態に陥れた直接の要因が、江戸幕府の禁教令にあることは言うまでもない。先に記した通り、徳川家康はその執政初期にあっては、基本姿勢としては秀吉の禁令を継承し、禁教の意思表示もしたが、現実にはその段階では禁教政策をとったわけではなく、それどころかかなり教会に友好的な態度を示したこともあった。その幕府がキリシタンに対する政策をようやく明確にしたのは、慶長一七年(一六一二年)三月のことである。正確に何日のことかは分からないが、まず家康の膝下駿府において三月一一日頃にキリシタン禁令が出され、詮議の結果原主水ら一四人の直臣が信徒であることが判明、棄教による猶予を拒んだために、改易に処された。そして同三月から四月にかけて全国諸大名・寺社などに、一四人を列挙して抱えおいたり匿ったりすることを禁じた触状を廻した。駿府のみでなく、江戸においてもほぼ同じ頃、フランシスコ会の教会・修道院が破壊された。

そして三月二一日改めて、畿内・西国の幕府直轄領を対象に禁教令が出された。畿内については京都所司代板倉勝重、西国については長崎奉行長谷川左兵衛が、取締りの責任者となった。この三月二一日の禁令により、天領におけるすべての教会施設が破壊されたわけではなく、なおかなりの教会・修道院などが残存しはしたが、ここに初めて幕府により、禁教に向けての強権が発動された意義はやはり大きい。

この慶長一七年三月の禁令も、後で述べる翌一八年一二月の全国的禁令も、発令の根本的理由はもちろん一貫していたと考えるべきであるが、ただこの一七年令発布の直接の主要契機が、岡本大八事件にあったことは間違いないようだ。事の発端は慶長一三年(一六〇八年)に遡るが、有馬晴信が占城(チャンパ)に派遣した朱印船が帰途マカオに寄港した際、市中で乗組員と市民との間で紛争が起こり、市のカピタン・アンドレ・ペッソアが武力でこれを鎮圧、その折何人かの日本人を殺害した。そのペッソアが翌慶長一四年、ポルトガル船ノッサ・セニョーラ・ダ・グラサ号のカピタン・モールとして日本に渡来した。前年のマカオでの事件の遺恨に加え、長崎での商取引上の不一致も絡んで、有馬晴信・長谷川左兵衛が家康の指示を受けて、このポルトガル船に攻撃を仕掛け、船は慶長一四年一二月(一六一〇年一月)長崎湾に燔沈した(このポルトガル船燔沈事件については既に第六章で触れた)。有馬晴信のこの功に対する恩賞として、幕府年寄本多正純の家臣岡本大八が、有馬氏の旧領で当時鍋島領であった肥前の藤津・彼杵・杵島の三郡を晴信に賜わるよう斡旋するといつわって、晴信から多額の賄賂をとった。晴信が正純にただしたことから発覚し、幕府の審問するところとなり、慶長一七年(一六一二年)二月二三日晴信・大八の両名対決の下に吟味が行なわれた結果、大八の非が明らかとなり、処刑された。さらにこの過程で大八が獄中から、晴信が長谷川左兵衛の謀殺を図ったと訴え、同年三月一八日再度両者対決がなされた結果、今度は晴信も弁明出来ず、甲斐に流され同年五月七日死を賜わった。これを岡本大八事件と言うが、大八・晴信共にキリシタン信徒であった。本事件の審問の経緯と、先の慶長一七年三月の禁令の発布経過とを重ね合わせると、この時の禁令が、事件を主な契機としたことが明らかとなろう。

もう一つこの時の禁令発布の背景として、ヌエバ・エスパーニャ(メキシコ)から来日した使者ビスカイノの、日本でのいささか軽率な振舞いも指摘せねばならないであろう。ドン・ロドリゴ・デ・ビベロがフィリピン総督の任を終えて帰国の途中、慶長一四年(一六〇九年)九月上総国岩和田に漂着したが、家康は一行を救助しヌエバ・エスパーニャに送り届けた。家康がここで好意的な措置をとったのは、それなりの思惑があってのことであろうが、とにかくヌエバ・エスパーニャ側としては、この時の救助送還の好意に謝することを主な目的として、セバスティアン・ビスカイノを特派大使として日本に送ることにした。一行は慶長一六年(一六一一年)四月日本に着き、五月に江戸で将軍秀忠に謁見し、更に駿府で家康にも会見した。その際、将来マニラ＝アカプルコ間航路の船の避難のために、許可を得て特に東北方面について沿岸測量を行なった。慶長一六年九月から一一月にかけて沿岸を巡航して測量を行い、図面を作成したのであるが、日本にいたオランダ人やイギリス人がこれを捉えて、領土侵略の準備である旨を家康や秀忠に告げた。布教と領土的野心の結びつきは、この時代常に古くて新しい問題であるが、ここで現実にその疑惑を招きかねない行為が、禁令発布の直前に行なわれたのであるから、これもその契機の一つと認めるべきであろう。

ちなみにこの慶長一七年三月の禁令は、肝心の法令は伝存していない。そしてこの禁令発布のことを伝える国内史料には理由として、〝夷狄之邪法が仏法の正理を乱した〟からだと記したものもあるが、他はほとんど専ら岡本大八事件を挙げるのみである。なおこの時の禁令は全国を対象にしたものではないが、現実の迫害は有馬領が最も激しかった。有馬領は晴信が右に記した通り、岡本大八事件により甲斐に流され次いで死罪に処されたのに伴い、嫡子の直純が父の所領を安堵されたものである。父と疎遠でその悪事に関知しなかったとして異例の措置を受けたわけだが、それだけになおさら直純としては、領内のキリシタン詮議に努めたものであろう。これもこの時の禁教・迫害の主因が、岡本大八事件にあったことの傍証となろう。

幕府は慶長一七年(一六一二年)八月六日付けで五カ条からなる禁令を発した。そのうち四条はキリシタンとは無関係であるが、一条に「伴天連門徒御制禁也」云々と見える。これも天領を対象にしたものと言ってよいであろう。三月の禁教令の再確認、趣旨の徹底であろう。

幕府が全国的な禁教令を発布したのは、慶長一八年一二月(一六一四年)であるが、その年の四月に本多正純が大村喜前(大村純忠の子、かつてキリシタン信徒であった)を駿府に呼び寄せ、キリシタン仕置について尋ねている。かつての代表的キリシタン大名領でありながら、喜前の代になって反キリシタンの立場をとる大村藩にとくに着目、その領内でのキリシタン取締りの事情などについて、情報を摑んでおこうとしたものであろう。喜前はその場で、キリシタン布教に領土的野心が秘められていると確信したこと、キリシタンは領主の掟に背き、伴天連の下知に従い、礼法を乱したことを理由に領内で禁教に踏み切った旨を述べ、幕府として伴天連を全員死罪に処すべきこと、殊に長崎の教会施設を破却すべきことを具申したという。

先に記述した通り、長崎の一キリシタンが銀座極印のない銀を商った科で慶長一八年九月〜一〇月に京都で磔刑に処された際、集まった信徒たちの振舞いが幕府当局に衝撃を与えたようである。似た出来事がその少し前にもあった。同年八月〜九月有馬領でキリシタン信徒八人が、この場合は信仰の故に火刑に処された際、その場にいた信徒たちが、まだ燃えているその遺体を手に入れるために火中に入るなど、熱狂的な振舞いを見せた。この事実も将軍に伝えられたという。右の二つは、それぞれ天領と大名領での出来事であるが、キリシタンの性格を物語るものとして、幕府に受けとめられたようで、後藤庄三郎と長谷川左兵衛の二人の家康側近が、それを教会側に伝え警告を発している。

さてこのような経緯があった上で、慶長一八年一二月一九日(一六一四年一月二八日)幕府は改めて禁教を明確にして、そのために大久保忠隣を京都に派遣することを決め、そして同月二三日(二月一日)に全国的禁教令が崇伝によって起草され、直ちに公布された。その文面は、発布の趣旨が分かるように書いてある。全体として、神儒仏の三教を国政の基本理念とすることを謳い上げているが、キリシタン禁因としては、次の二カ所の件に最も明確に記されている。

(一)「叨りに邪法を弘めて正宗を惑はし、以て域中之政号を改めて己が有と作さんと欲す」

(二)「彼伴天連の徒党、皆件の政令に反し、神道を嫌疑し、正法を誹謗し、義を残ひ善を損ふ。刑人有るを見れば、載ち欣び載ち奔り、自ら拝し自ら礼し、是を以て宗之本懐と為す。邪法に非ずして何ぞ哉。実に神敵仏敵也」

右の(二)は、明らかに先に記した極印のない銀を商ったキリシタンの磔刑や、有馬領の信徒の火刑の際に見せた、他の信徒たちの振舞いのことを指している。三教を国の基本理念とし、正邪善悪の基準をそこに求めて法秩序としているにもかかわらず、公然それを否定するがごとき振舞いに出たとしている。先に論述した通りキリシタン教会は反社会性を標榜したわけではないが、法理念が宗教性を帯びたことにより、反社会的邪教と見做されたと言ってよいであろう。

(一)の、日本の政号(政体の意味に解してよいであろう)を改めて、己れが有となさんと欲す、との文言は何を意味するのであろうか。これには対外的な意味と国内的な意味とがこめられていると思う。『三川記』には、ここで幕府が禁教令を発したのは、キリシタンが国土侵略の狙いを秘めた邪法の故である、と見えている。当代カトリック布教の侵略的体質の幕府への通報という点では、ウィリアム・アダムス(三浦按針)を筆頭にオランダ人・イギリス人からの、多分に意図的な報知があったことはもちろんであるが、キリシタン教会内部からの通報も指摘せねばならない。例えば前述の通りトマス・アラキは、一六一五年八月頃日本に帰国し、四年後に長崎奉行所に捕縛され程なく棄教するが、逮捕・棄教後は言うまでもないが、それ以前から——帰国する以前からも——いろいろな機会に、キリシタン布教の侵略的性格について発言したことが分かっている。もちろん時間的にアラキの発言と禁教令とは結びつかない。だがこれは決して彼一人の問題ではない。天正少年使節の一人千々石ミゲルが帰国後教会を去ったのも、その侵略性への疑問からであったようだ。日本人修道司祭・同教区司祭たちの中に、同様な疑問を抱き悩んだ者がいなかったと考える方が無理である。外国人宣教師同志でも、修道会と修道会、あるいは同一修道会内でも国籍を異にする者同士で、その互いの侵略的体質を非難し合った文書類は、枚挙に遑がない。『長崎実録大成』には、慶長一六年肥後八代から一人のキリシタン僧が駿府に出て来て、新大陸やフィリピンの例を挙げながら、イベリアの国王による布教の侵略性を言上したことが記されている。この記事自体は、全体にわたって個々の具体的事実の信憑性についての考証には、耐えられないかもしれないが、状況的には史実を反映していると言うべきであろう。

国内的な意味としては、やはり反徳川勢力の中心大坂の豊臣氏対策が考えられよう。先に記した通り、幕府は禁教令発布と同時に大久保忠隣を京都に派遣して、上方のキリシタン取締りの指揮をとらせた。忠隣は京都に着いて二日後の慶長一九年(一六一四年)一月一九日には、改易を命ぜられたので(理由は謀叛の企てだが、これは事実無根のことで、宿敵本多正信・正純父子との確執を苦慮した家康が、敢えてその一方にくみし幕閣内の結束を図ったものとされている)、実際に上方でキリシタンの取締りについて采配を振ったのは京都所司代板倉勝重であったが、とにかく今回の禁教令発布後のキリシタン詮議は、まず上方において主力が注がれたと言ってよい。関ヶ原の戦いの後、改易になった諸大名の旧家臣が多数牢人となって上方に集まり、その中にはキリシタンもかなりいたようである。現に大坂の役(冬の陣、慶長一九年一〇月始まる)に際し、大坂城内に相当数のキリシタンがおり、彼らの司牧のために司祭まで城内にいた。家康としては政権の安泰のために、あらゆる懸念材料を排除したのは当然で、キリシタン取締りもその一環として断行された一面があることは、否定出来ないであろう。

第十九章　禁　教
――国家理性――

秀吉の禁教令、江戸幕府の禁教令共に、その法令の文面に発布の趣旨が明記されているように思うが、ここで少し角度を変えて、禁令を突き付けられた当の宣教師自身は、禁因をどのように考えていたのか見てみたい。彼らの認識なり自覚なりが、案外事の本質を見抜いているかもしれない。

秀吉と江戸幕府それぞれの場合を対比すると、興味深い。天正一五年（一五八七年）六月秀吉が禁令を発した時は、イエズス会年報には、秀吉を驕慢で情欲と喜怒に流される暴君に仕立て、施薬院徳雲軒全宗が秀吉のために斡旋しようとした美女が拒絶したために、激怒して禁令を下したかのように記されている。禁因を単に秀吉の人格的欠陥に求めるような論は、ほとんど取り上げるに足りない。フロイス『日本史』は、一時の感情に流されたとの見方はさすがに排しているが、それでも基本的には年報と同じような禁教原因を挙げている。

これに対し江戸幕府の禁教令の場合はどうかというと、何人ものイエズス会士が、岡本大八事件など具体的出来事をいろいろ挙げるが、最も根本的な理由として〝国家理性〟に基づくと記している。国家理性 Reason of State の理念は、一五二〇年代以降徐々に確立した。国家利益とほぼ同義だと考えてよい。国家は自己の存立を主張し、拡大を求めて行動する。しかしその行為には、一つの紀律がなければならない。紀律のない国家行為例えば暴君政治は、国家の存立そのものを危うくする。この紀律は、国家を健全に存立・拡大させる理念だと言ってよい。国家理性は従って古今東西あらゆる国家に不可欠のものである。しかしその具体的内容は、すべての国家に共通する普遍妥当性を持つものと、それぞれの国の置かれた位置・環境・時代などにより変化するものとから成っている、と言わねばならない。古代においては、国家理性は古代精神を無視して論ずることは出来ないし、中世ヨーロッパにあっては、国家にとって絶対的価値とも言うべき主権そのものも制限され、国家はカトリックという共通の法の下に置かれた。従ってそこにおいては、国家理性そのものも、本来の姿のままでは容認されなかった。しかし中世後期以降、国民的な国家形成すなわち民族国家の誕生とともに、中世のカトリック的普遍理念は大きく後退し、これに代わって新たに国家行為の規範となるべき理念への要求が高まった。国家理性の理念の本質を最初に思考して、思想的展開をなしとげたのはマキアヴェリであった。国家理性はその後多くの学者・思想家によって論ぜられ、模索された。このような西欧の政治的・思想的土壌に芽生え、育まれた政治理念をもってして、キリシタン宣教師が日本における禁教原因を論じている。彼らはこの語を註釈付きで使用したわけではないので、いかなる意味かは必ずしも明確ではないが、しかしおおよその見当はつく。ミラノ・ローマ・マドリード・パリにあってヨーロッパの政治世界を知見する機会に恵まれ、『国家理性論』(一五八九年)を著したイエズス会士ジョヴァンニ・ボテロの思想が、あるいは在日イエズス会士の発言に影響を与えていたのかも知れない。ボテロは国家理性を「国家を建設し維持し、かつ大ならしめるにふさわしい手段の認識」と定義したが、教訓的文章で著されたその著作は、カトリックの諸侯ばかりでなく、教会にも受けがよかったと言う。国家理性を国家利益と本質的に同一のものと見做すボテロの所論は、キリシタン宣教師が幕府の禁教を国家理性に基づくと主張する際の背景として、考えに入れるべきかも知れない。

更に言えば、宣教師たちのこの類いの発言の背景には、ボテロも言及しているエリザベス朝イングランドにおける、対カトリック政策がありはしないか。エリザベス一世は〝教皇至上権〟を否定し、〝国王至上権〟を確立することによって、ナショナリズムを表明したばかりか、教会の礼拝様式を改めて、〝イングランドの教会〟を樹立した。これに対し国内のカトリック勢力は、スペインの支援を期待して、スコットランド女王メアリの女王擁立を企てたが、反乱は簡単に鎮圧された。これが契機となって、エリザベス女王はカトリック教会から破門されたが、これがまた、イングランドにおける反カトリック感情を煽る結果になった。国内におけるカトリック弾圧が続く中、近隣のカトリック諸国からは、〝かくれキリシタン〟の司牧のために、イングランドに宣教師が送り込まれた。女王政府にとって彼らは、〝国王至上権〟を否定する反逆者に外ならず、その多数が処刑された。彼らは、イングランド入国と同時に逮捕され、三つの質問を突き付けられた。一、エリザベスは合法的君主か否か。二、教皇は一国の君主を破門し、王位を剝奪する権限を有するか。三、カトリック国がイングランドを侵略したら、いずれに味方するか。つまり女王への忠誠と教皇への忠誠のいずれかを、生命を賭して選ばねばならなかった。この間、メアリ支持派とカトリック勢力によるエリザベス女王暗殺計画なるものも発覚し、ついに女王はメアリを処刑した。これを契機にスペイン国王フェリペ二世は、教皇の説得もあってイングランド侵攻を決意した。スペイン側はイングランド国内のカトリック教徒の内応を期待したが、結局一五八八年スペインの誇る無敵艦隊が敗北し、〝異端者〟エリザベスの王位からの追放を図ったカトリック勢力の企ては、永久に挫折した。以上述べたエリザベス朝イングランドにおけるカトリック問題は、つまるところカトリック信徒の女王への忠誠心のいかんに集約されるものであろうが、この女王政府の対カトリック政策と江戸幕府のキリシタン禁教とは、一面相共通する国家理性に基づいていると宣教師たちが判断したのは、ありうることである。

国家の目標は当然自らの繁栄にあり、それを実現しようとするのが政治家である。政治家は権力の保持と拡大を志向し、その衝動なしには国家の成立も国家の行動も覚束ない。しかしそれのみが優位し、権力追求が無制限に及ぶなら国家は破滅に向かうであろう。そこには必ず倫理的基準が入らねばならず、この両者は常に緊張関係にあると言えよう。宗教団体は、現実はともかく、一応倫理的基準のみでその行動を律することが出来るはずである。しかし国家にそれを要求しても無理である。江戸幕府のキリシタン禁教を〝信教の自由の否定〟とのみ見るのは、物の一面を語るに過ぎない。

海外からの脅威だけではない。それだけなら、後世から見て〝実体のない影に怯えた〟嫌いなきにしもあらずである。しかし海外と国内とを切り離せないところに、キリシタンの特殊事情がある。その意味で現実に幕府に衝撃を与えたのが、島原の乱であろう。幕政の針路に重大な影響を与え、結果的にそれを契機にいわゆる「鎖国」体制が確立されたと言ってよいであろう。この乱については、キリシタン一揆とする見方と重税に起因する農民一揆と見る見解とに分かれる。ただ本質的な性格付けはともかくとして、歴史的に島原の乱が特に重要性を持つのは、そこにキリシタン色が付着していたからだということは間違いない。

乱の舞台となったのは、肥前国島原と肥後国天草である。島原はかつてキリシタン大名有馬晴信の所領であったが、前述の通り岡本大八事件で晴信が死罪に処せられたのに伴って、有馬氏が日向延岡に転封になり、その後に松倉氏が入部した。天草はもと小西行長が支配したが、関ヶ原の戦いの後代わって寺沢広高の所領となった。晴信や行長の旧キリシタン家臣の中には、そのまま帰農した者も多かったようである。島原藩は表高（知行宛行状や知行目録に記載された江戸幕府公認の石高）は四万石であるが、一揆に加わった村々の打出（内出・出目とも言う。新たな検地により表高より増加した石高）はその二倍を超え、領主によって重税が課せられたことは確かなようである。松倉重政は有馬氏の居城であった原城を廃して、七年の歳月をかけて分不相応な島原城を築き、幕府に対しては、江戸城普請に際して一〇万石の役を申し出るなど、忠勤ぶりを示したりした。

　ここでコンフラリアについて記す。組・信心会・兄弟会等の訳語を充てることが出来るが、一つの掟の下に作られた信徒の組合で、起源は原始キリスト教会に遡る。日本においてもキリシタン布教の初期の頃から、社会活動を主な目的にしたミゼリコルジア（慈悲）の組が作られたが、禁教・迫害の時代に入ってからは、コンフラリアは信仰共同体としての性格を強め、教会活動の中核となってその重要性を増したと言ってよい。事実各地にイエズス会系あるいは托鉢修道会系のさまざまなコンフラリアが組織され、組衆の争奪をめぐっての確執も見られたようである。掟は多くは伝存しないが、その基本的精神はすべてに共通していたと考えてよいであろう。例としてイエズス会パードレ・ジャノネが作った〝さんたまりやの御組〟の掟を示す。ジャノネはまず慶長一四年（一六〇九年）に来日したが、同一九年（一六一四年）マカオに追放され、元和三年（一六一七年）二度目の来日を果たして高来（島原半島）で教会活動に当り、寛永一〇年（一六三三年）殉教した。彼はこの二度目の日本滞在中に〝さんたまりやの御組〟と称するコンフラリアを組織し、その掟を作って成文化した。掟ではまず、組衆になるのを許される条件として、妾を持っていたり、離婚をしたり、不当な高利を取り、人と義絶したり、キリシタンを転んだ者たちは不可とした。信仰の面では、主禱文（パーテル・ノステル）他基本的な祈りの詞を暗唱し、神の十戒を遵守するといった程度の条件であった。他の修道会系のコンフラリアとの二重加入は禁ぜられた。入会後は、一五日に一度集会を開き祈りを捧げる。集会ではその時の頭人の下知に従う。朝晩の勤行を勤める。銀・米籾を貸与する場合三割以上の利子を徴しない。日曜祝日には家内の者を集め祈りを捧げる。組の中に深い過ちを犯した者がいたら、組親が意見する。教会の定めた大斎（断食）を守る。組に病人や貧者がいたら、訪ねて助け、慰め、痛悔・告解を勧める。組以外の者にも、同様力添えをする。組の者が死亡したら、所定の回数祈りを唱える。異教徒や転びキリシタンに対しては、入信するよう、立ち上がるよう、説得に努める。死に臨んだ異教徒がいて入信に同意したら、パードレを招くことが出来なければ、洗礼を授けることが出来る者に引き合わせる。組衆一人一人の善行・祈り・悔悛の功徳は組の全員に及ぶものと心得ること。収穫時に少しずつでも貯えること。貧者やミサのためである。主人を大切にし、デウスに背くことでなければ、たとい異教徒の主人であってもその命に従うこと。

更に組から除名処分を受ける過ちとして、次のような事柄を挙げている。堕胎・離婚・本人の同意のない縁組・婚姻の秘跡にあずからない夫婦関係・人身売買・蓄妾・三割以上の利子の徴取・再々の酔狂。この一つでも背いたら、二カ月集会を控えて悔悛をさせ、それでも悔い改めなければ、組から除名する。

右に要約した掟は特例ではなく、他のコンフラリアについても、これと大同小異であったと考えてよいであろう。パードレは必要に応じて訪れて司祭としての勤めを果たすが、それ以外はどのコンフラリアでも、五～一〇人の組親以下の役人によって日常の指導がなされた。迫害・潜伏時代におけるキリシタン教会活動の、中核となったと言ってよい。

さて高来には右のようなコンフラリアが存在し、その地方の信徒の信仰生活の拠となっていたわけである。ただし全住民の内のコンフラリア加入率は不明であるし、さらに当然のことながら、個々人の信仰の篤さについて不確実な部分を残すが、一応全生活・全人格的信仰共同体が成り立っていたと考えてよいであろう。肥前国の有家村・布津村・深江村・島原町・山寺・三会町では組親・惣代、肥後国の上津浦村・大矢野村では組親・惣代・慈悲役といったコンフラリアの役人たちは、自然村落においても指導的地位にあり、自然村と信仰共同体的コンフラリアとは、ある程度重層的関係にあったと言える。

島原の乱の発端は、寛永一四年(一六三七年)一〇月キリシタン弾圧をした南有馬の代官を、農民たちが襲って殺害したことであった。しかしここに至る背景としては、過去二、三年天候不順による凶作が続いたところへ、前述の通り領主の苛政が行なわれたことを指摘せねばならない。更に寛永一四年八月頃より、追放された宣教師の予言、天候不順、益田四郎時貞なる者の奇行等を巧みに織り交ぜた流言蜚語が天草辺で飛び交い、キリシタン再興の機運が到来したかのように言い立てる者がいたという。一揆は加津佐村・小浜村・口之津村・串山村・千々石村・有家村・堂崎村・布津村・深江村・木場村と、松倉領内の大半の村に広がり、代官を襲撃し領主側に抵抗、島原城に攻め寄せた。更に一揆は天草にも飛び火し、領主方との間の攻防戦が各地で行なわれた。乱が拡大するに及んで、一揆勢は島原・天草を統合し、拠とする場所にかつて有馬氏の居城で、廃城となっていた原城を選び、籠城の備えをした。主導した者はその名前から、在地性の強い旧有馬・旧小西家臣の武士や、庄屋などの上層農民たちであったようである。

幕府への通報はまず、豊後府内に派遣されてきていた幕府の目付から、大坂城代のもとに行なわれた。城代は江戸の下知を待つ余裕はないと判断し、独断で九州の周辺諸大名に対し、街道筋を警護し、領内で武具の売買を禁ずるよう指示し、更に領内の転びキリシタンの動静に注意を払うよう命じた。幕府側は最初からこれをキリシタン一揆と見ていた。幕府は一一月板倉内膳正重昌と目付石谷貞清を、上使として現地に派遣することにした。板倉重昌はわずか一万二〇〇〇石ほどの小身で、まだ幕府が事態を楽観視していたことを示している。しかしその直後、天草でも一揆が立ち上がったしらせが江戸に届いた。全国各地で転びキリシタンたちが蜂起して、由々しい事態に陥ることを危惧した幕府は、一一月一三日には出羽山形城主保科正之に帰国を命じて、東北地方のキリシタン転宗者に対する備えをさせたのに続いて、翌一四日には熊本城主細川忠利・福岡城主黒田忠之・豊後日出城主木下延俊・同国臼杵城主稲葉一通・同国岡城主中川久盛・日向延岡城主有馬直純・筑後柳河城主立花宗茂・佐賀城主鍋島勝茂・久留米城主有馬豊氏・五島城主五島盛利・肥後人吉城主相良頼寛・日向飫肥城主伊東祐久・肥前平戸城主松浦鎮信・同国唐津城主寺沢堅高・豊後森城主久留島通春・日向高鍋城主秋月種春らをして帰国させたり、あるいは子・弟などを領国に送って備えを固めさせた。かつてキリシタン教会活動が行なわれた各地における転びキリシタンの動静に、幕府がいかに神経を使ったかが分かる。そして幕府は一一月二七日に、改めて老中松平伊豆守信綱と美濃大垣城主戸田氏鉄を上使として西下させることにした。先遣の板倉重昌が討死するなど一揆方が思いのほか手強く、このため信綱は無理な城攻めを避け、兵糧攻めの戦法をとった。この間城中と寄手との間で盛んに矢文の応酬があったが、一揆勢の心情を窺い知る良い素材として、寛永一五年(一六三八年)正月一三日付け(一五日付けの写もある)で城中より送られた矢文を挙げる。

「今度下々として籠城に及び候。若し国家をも望み、国主をも背き申す様に思召さる可く候歟。聊も其の儀に非ず候。きりしたんの宗旨ハ、前々従り御存知の如く、別宗ニ罷り成り候事成らざる教にて御座候。然りと雖も天下様従り数ケ度御法度仰せ付けられ、度々迷惑仕り候。就中、後生之大事遁れ難く存ル者ハ、宗旨を易へざるに依つて色々御紀明稠敷く、剰へ人間に非ざる之作法、或ひは恥辱を現はし、或ひは窘迫を極め、終ニ後来のため天帝に対し責め殺され候ひ畢んぬ。其の外、志御座候ものも色身を惜み、呵責を恐れ候故、紅涙を押へ乍ら、数度御意に随ひ宗門を改め候。然る処ニ今度御不思議之天慮計り難く、惣様此の如く燃え立ち候。少として国家之望之れ無く、私之慾の儀御座無く候〔下略〕」(永青文庫蔵文書に拠り、読み下し文に改めた。鶴田倉造氏提供の写真による)。

われわれの籠城は決して〝国家〟を望み国主に背くためのものではない。キリシタン宗では棄教転宗を禁じているのに、幕府より禁令が発布されて迷惑した。後生を大事に思う者はあくまで宗旨を替えようとしないので、厳しい詮議を受け、ついには責め殺された。あるいは志あっても責苦を恐れ、命に従って転宗した者もいた。しかし今度不思議の天慮に浴し、皆の心が燃え立った。これも〝国家〟を望むためではなく、私欲から出たことでもない云々。蜂起籠城はキリシタン弾圧の故であり〝国家〟を望み国主に背く意思の少しもないことを、繰り返し訴えている。圧倒的に優勢な幕藩軍に包囲されて絶対的窮地に立った一揆勢にとって、心の支えは信仰と四郎の奇跡的な超自然的能力への信頼だけであったはずで、〝ただ信仰の為のみ〟との彼らの言葉に偽りのあるはずがない。カトリックでは信仰を貫いて無抵抗に徹し従容と死を選んだ者のみを、殉教者と呼んで崇敬の対象とする。無抵抗を条件とするのは、キリストの死を模範とするからである。一揆勢はいずれ絵師山田右衛門作一人を除き全員処刑されるが、原城にたてこもって抵抗した彼らは、迫害時代を迎え殉教の心得を説いた教会の指導に忠実であったとは言えない。そのような彼らの行動が、〝国家を望み国主に背き申す儀に非ず〟との心情の披瀝にもかかわらず、キリシタンは政体を改変し、国を傾け、国を奪う邪法であることを一主因に謳った、幕府の禁教政策の正しかったことをあたかも裏付ける結果となったのは皮肉であり、日本人信徒の悲劇である。

寛永一五年(一六三八年)二月二七・二八日幕藩軍が総攻撃をかけ、原城は陥落する。籠城した者二万数千、これに対する幕藩軍は九州の大名一四家から成り、死傷者は約一万五〇〇〇、これは動員の六分の一にものぼる被害を出したことになる。一揆の抵抗の激しさを物語っており、幕藩関係者に衝撃を与えた。鎮圧後の処置としては、松倉・寺沢両氏を改易処分とし、一揆に参加した村々——有馬村・有家村・口之津村・加津佐村など数カ村は全村挙げて一揆に加わった——に諸藩から移住せしめて、その施政に配慮したばかりか、仏僧鈴木正三により同地方での仏教教化政策をも推進させた。

島原の乱の影響はもちろんこのような局地的なものに留まらず、基本的な国の針路を確定するものであったと言ってよい。それを〝「鎖国」体制〟と呼ぶことが出来るであろう。

第二十章 「鎖国」

〃「鎖国」体制〃という語は、研究者によりかなり幅のある意味合いを込めて使用されている。それというのも、もともと幕府は〃鎖国令〃と銘打った法令を発したことはなく、幕末に開国論が論ぜられるようになって、それに相対する対称語として〃鎖国は祖法〃といった表現で、使用されたに過ぎないからである。そしてこの〃鎖国〃なる語自体は、オランダ通詞志筑忠雄がオランダ東インド会社のケンペルの主著『日本誌』の一章を抄訳して、『鎖国論』(享和元年〔一八〇一年〕成)と題したのが初例のようである。ケンペルのこの書物の趣旨は、自然の恵みによって各種の必需品が備わっている国は、交わって何ら益するところのない異国の貪欲・欺瞞・暴力から、国民や国境を守ることこそ義務であるとして、ポルトガルとキリシタンの陰謀に対して国を鎖した、日本の国策を是としているものである。彼は日本がオランダと交易をすることに対しては、何ら疑問を差し挟んではいない。彼の論旨はあくまでも、自国に不利益になる国との交わりを絶つことを是認するにある。

「鎖国」については、古くからの常識的通念として、キリシタン禁教と貿易統制の二つを目的に行なわれたことであり、具体的施策であるポルトガル船の渡来禁止や日本人の出入国禁止も、右の二つを実現するためのものだと考えられてきている。これに対し近年になって、従来の「鎖国」観はヨーロッパ諸国との関係のみに目を向けたものだとして、もっと太古以来続いてきた東アジア国際社会の中の日本の位置に視座を据えて、「鎖国」を捉えねばならないとする学説が唱えられるようになった。東アジアには中国の漢代以来、華夷秩序の存在する国際社会が展開してきた。それは素朴な漢民族の優越意識が元になったものであるが、儒教的世界観としてイデオロギー化した。中国皇帝は天命を受けて国内に仁政を布くと同時に、周囲の万民にその徳を及ぼさねばならない。そこで執られる現実の国際政治体制が、冊封と朝貢の君臣関係である。冊封とは中国皇帝が周囲の諸国(華夷思想によれば蕃国)の君長に対し、封禄と爵位を授けることである。日本で例を挙げれば、足利義満が明帝から日本国王に封ぜられたのがこれに当たる。ここに中国とその周辺国との間には、宗主国と藩属国という君臣関係が出来る。朝貢とは、その藩属国の国王またはその使節が中国皇帝に朝見して、上表文(外交文書)を贈って貢物を献じ、君臣の礼を尽くすことである。皇帝はこれに対して回賜と称して多くの返礼物を授与して中華国の威徳を示した。現実には朝貢に名をかりて交易が行なわれる。宗属関係にある中国と周辺諸国との間には、対等の立場に立った通商関係はありえず、朝貢貿易が許される唯一の、国家間の公認の貿易であった。当然朝貢貿易を開くことが狙いで、中国との冊封関係を望む場合もあった。冊封・朝貢と表裏の関係にあるのが海禁である。明代に入り太祖洪武帝が、折から元末の群雄の残党が沿岸住民に呼び掛け、倭寇を誘って再挙を図ることを警戒して、海防を厳重にして沿海諸民に命じたのがその始まりである。〃下海通蕃の禁〃の略で、下海すなわち国民の海外渡航と海上貿易、並びに通蕃すなわち朝貢船以外の一般外国船の来航などによる貿易を禁ずる政策のことである。倭寇対策と朝貢貿易の利潤の独占の狙いから、明代中期を通してこの海禁は祖宗の法として堅持され、繰り返し発令された。

江戸幕府の「鎖国」政策であるが、前述の通り〃鎖国令〃と名の付く法令は存在せず、むしろ『徳川実記』(歴代徳川将軍の事歴を記した史書)では、幕政初期に確定した対外的国策を〃海禁〃と称している。事実中国の海禁と江戸時代の「鎖国」政策との間には表面的には共通点もあるので、日本の歴史から〃鎖国〃の語を抹殺して、これを〃海禁〃に置き換えるべきだとする論もある。しかしここにきて重大な新史実の解明があったわけでもなく、永年使用してきた〃鎖国〃の歴史用語を改める必要性は認められない。鎖国を海禁に置き換えるべきだとする論と結びついているのが、「鎖国」は〃日本型華夷秩序〃の構築だとする説である。前述の通り、東アジアでは古来中国が伝統的華夷思想に基づいて、周辺の諸国を招撫によってその世界観の中に包み込んで秩序づけてきた。周辺諸国はその世界秩序に包摂されることによって、東アジア国際秩序の仲間入りが出来、国際的認知を得ることが出来たと言ってよい。日本の場合はどうかというと、中国皇帝の冊封を受けてその華夷秩序の中に自らを投入することもあれば、逆にそこから離脱し、更にそれだけでなく中国に対して対等の関係を保ちつつ、朝鮮半島等を蕃国と見倣して自らをその上位に置く、日本を中核としたいわば小さな〝華夷秩序〟を形成したこともあり、歴史はそれを反復してきたと言える。江戸幕府が執った「鎖国」政策は右の後者に当たり、朝鮮・琉球(江戸幕府は琉球を外国と見做した)・アイヌなど周辺の諸国・諸民族を包み込んだ小さな〝華夷秩序〟の世界を形成し(中国皇帝に相当するのはさしずめ日本の天皇)、幕府はそれによって自らの政権に対する国際的認知を獲得するのと共に、国内的な支配力をも強化しようとしたのだとする。

〝華夷秩序〟と言っても冊封関係がないのは言うまでもないし、それを思想的に支える儒教的土壌も中国とはまるで違うと言ってよい。「鎖国」時代の対外関係に華夷思想的な色彩が付着していたとしても、それは模倣的・皮相的なものに過ぎないようだ。〝華夷秩序〟の形成が第一義的目的意識として存在し、その目的に向かって政策立案をした結果が「鎖国」だとは言えないように思う。キリシタン禁制(カトリック国との国交遮断)と貿易統制といったいわば古典的な鎖国観と、新しい〝日本型華夷秩序〟論とは、恐らく二者択一の問題ではないであろう。「鎖国」体制形成期においてはキリシタン禁制の要求の方が強く、そこにより大きな比重がかかった国政運営が行なわれたと考える。

先に述べた通り、〝鎖国令〟と銘打って発せられた法令はない。「鎖国」概念に紛らわしさがあるのは、ここにその原因がある。どの法令を〝鎖国令〟と呼ぶかということと、「鎖国」をどう定義付けるかということは、結びついているからである。内容的にも関連が強く、「鎖国」論議の対象になる法令は次の五通である。

㈠ 寛永一〇年(一六三三年)二月二八日付け長崎奉行宛て条目一七条

㈡ 寛永一一年(一六三四年)五月二八日付け長崎奉行宛て条目一七条

㈢ 寛永一二年(一六三五年)五月二八日付け長崎奉行宛て条目一七条

㈣ 寛永一三年(一六三六年)五月一九日付け長崎奉行宛て条目一九条

㈤ 寛永一六年(一六三九年)七月五日付け条目

右の五通のうち㈠~㈣の四通と㈤との間には、文書発給の事情と内容に違いがある。まず文書発給の事情であるが、幕府年寄・老中(老中職が定められたのは寛永一一年三月)の名で発せられた条目(当時これを〝下知状〟と呼んだ)である点は、五通とも同じである。しかし㈠~㈣の四通はすべて、長崎奉行に宛てたものである。つまり長崎奉行の職掌に関する江戸からの指令と言ってよい。これに対し㈤は、土井利勝・酒井忠勝の二人の大老格と四人の老中ばかりでなく、更に譜代大名の頭領三〇万石を領する井伊直孝も筆頭者として加判している。しかもそれまでの四通とは異なり宛名が記されておらず、伝達も太田備中守資宗が七〇〇人を率いて上使として長崎に下り、ポルトガル人・中国人・オランダ人の順で通達された、という相違点がある。ちなみに上使として長崎に赴いた太田資宗は、その前年島原の乱が収拾された際にも、戦後の処分のため家光によって長崎に派遣されている。長崎奉行に宛てその職掌に関する指令を列挙した文書に、国の針路を左右する重要な政策が盛られるはずがないから、それらを〝鎖国令〟と呼ぶのには異論も出よう。内容を別にしても、最後の㈤が格別の重みを持つことは否定出来ないようだ。そこでこの条目を次に示す。

條ゝ

一日本國被レ成二御制禁一候吉利支丹宗門之儀、乍二其趣存知一、彼法之者、于レ今密ゝ差渡事、

一宗門之族、結二徒黨一企二邪儀一、則御誅罰事、

一伴天連同宗旨之者隱居所江、從二彼國一つつけの物送與ふ事、

右、因レ茲自今以後、かれうた渡海之儀被レ停コ止之一訖、此上若差渡ニおひてハ、破コ却其船一、并乘來候者速可レ處二斬罪一之旨、被二仰出一者也、仍執達如レ件、

寛永十六年七月五日

對馬守〔阿部重次〕在判
豐後守〔阿部忠秋〕在判
伊豆守〔松平信綱〕在判
加賀守〔堀田正盛〕在判
讃岐守〔酒井忠勝〕在判
大炊頭〔土井利勝〕在判

掃部頭《〔井伊直孝〕》 在判

すなわちその趣旨は明快であって、一、日本のキリシタン禁制を知りながら、宣教師をひそかに送ってきた。二、キリシタン信徒が徒党を結んで邪儀を企てた。三、宣教師や信徒が潜伏しているところへ支援物資を届けた。以上の三理由を挙げてポルトガル船（ガレウタ船とはポルトガル人が当時対日貿易に使用した船型）の渡来を厳禁したものである。三項ともすべてキリシタン問題であり、特にその第二項は明らかに島原の乱を指している。ポルトガル船の渡来を禁じたのは、すなわちカトリック国との通交を禁じたものである（スペインに対しては既に寛永元年〔一六二四年〕三月に断交）。

年代的に順序が逆になったが、㈠〜㈣の条目について触れておく。四通とも内容はすべて異なるが、その違いの程度はさまざまで、寛永一〇年令と一一年令との間の差異が最も少なく、特にここで取り上げるまでもない。次に一二年令を一一年令と対比させると、第一・二・三・一七条に改変がある。そのうち主な改変は第一・二・三条についてで、いずれも日本人の出入国に関するものである。すなわち一一年令では、日本人の海外渡航については奉書船に限り許可し、帰国については海外在留が五年以内ならば帰国を許可した。ところが一二年令では、日本人の出入国を一切禁じた。つまり「鎖国」体制の一つの重要な要素がここに確定した。奉書船というのは、寛永八年〔一六三一年〕に制度化されたもので、日本人が海外に渡航して貿易をする場合、従来は異国渡海朱印状を得ればよかったが、これに加えて幕府年寄の長崎奉行宛て奉書の下付を受けることを義務付けたものである。この制度の狙いは、その直前に朱印状が海外で粗略に扱われる事件があったために、その再発を防ぐため朱印状は長崎奉行に渡し、代わって奉行から通航許可書を受け取って、それを携えて海外に渡航するようにしたものである。

一三年令は、一二年令の第五条(キリシタン密告者への褒賞の規定)を改めて褒賞を増額し、第九・一〇条を追加した。これは南蛮人・その子孫・南蛮人の養父母の追放と、文通の厳禁である。

一〇年令~一三年令の四通の条目は、様式・内容共に類似しており、一〇年令が基になって部分修正を重ねて一三年令に至ったと言ってよい。そこでこの一三年令一九条であるが、一~三条は日本人出入国の禁、四~一〇条はキリシタン取締りに関する規定、一一~一九条は貿易統制に関する規定である。そして最後の一六年令は、キリシタン禁制の徹底のために、対ポルトガル断交を定めたものであるから、五通の条目を総括してその規定内容は、出入国の禁、キリシタン禁制、貿易統制の三本から成ると言える。このうち出入国の禁の解釈であるが、異国渡海朱印状が海外で粗略に扱われる事態が起こると、幕府の権威に傷がつきひいては日本の主権にかかわるので、それを未然に防がねばならないとの趣旨は、既に奉書船の制度により解決している。日本人の海外貿易の規制も、同制度により実効可能のはずである。この上更に出入国を絶ったことの狙いとしては、やはり情報の統制、それも特にキリシタン問題を措いては考えられない。海外教会との連絡や、日本人が海外で司祭叙品を受けて日本に潜入帰国するなどの道を一切絶つことが、その主眼であったものと思う。

寛永一〇年令〜一六年令の趣旨は、キリシタン禁制と貿易統制の二つに集約出来るようだ。このうちキリシタン禁制は既に述べた通り、慶長年間に幕府の基本姿勢は確立しており、その後年を逐って取締を強化して寛永の〝鎖国令〟に至ったわけである。今一つの貿易統制の趣旨は、糸割符仕法の完全実施を基軸にして、武士の取引の禁止等細部にわたる長崎貿易の統制にある。糸割符制は慶長九年(一六〇四年)に一応制定されはしたものの、貿易の実態面でほとんど有名無実となっていたものであるが、ここにきて細部にわたり整備し、実効性を持たせたと考えてよい。その主な狙いは長崎奉行や直轄五市の上層町人を介しての、生糸貿易の管理統制にあったと言えよう。もちろん貿易船の長崎集中を伴って、初めてその実を上げることが出来るわけで、寛永一二年中国船の入港を長崎一港に定め、寛永一八年(一六四一年)には平戸オランダ商館の長崎移転を命じた。

一三年令までは、ポルトガル船の長崎渡来を前提とする法の整備・実効化であったが、一六年令ではポルトガル船渡来禁止にこれが一転する。この政策変更をもたらした原因が、島原の乱にあったことは明らかである。この点一三年令から一六年令への移行に飛躍があるようだが、これとてもポルトガル船長崎停泊中の監視・警護を、長崎奉行の指揮下大村藩に命じていたものを、その渡来そのものを禁じたのであって、政策の基調は一貫している。

このように見てくると、一〇年令～一三年令の四通と一六年令との間には、条目の発給事情には違いがあったが、機能的には五通を通して一貫していると言わねばならない。

ここで少し視角を変えてみる。わが国における外国人の法的地位に、寛永「鎖国」はどのような影響を与えたのであろうか。外国人がわが国の領土・領海内で犯した犯罪行為に対して臨んだ幕府の姿勢は、「鎖国」を境に変化したようである。わが国の統一政権は伝統的にも功利的な思惑からも、その統治権を侵したと判断されるような重罪でない限り、外国人の犯罪に対しては属人主義の原則に立ったと言ってよい。主義などという確たる立場を持ったというより、裁きや刑の執行等の何ら実利の伴わない、しかも一つ間違えば余計なトラブルに巻き込まれかねない煩瑣な事柄などは、それぞれ本国に任せた方が得策だと判断したというのが実情であろう。ところがこれが「鎖国」を境にして、わが国における外国人の犯罪に対し、日本人がそこに関与すると否とを問わず、その一切に幕府が裁判権を行使するようになったようだ。

このことは領土・領海の確定と表裏をなしたはずである。この点であるが、江戸幕府の統治下でわが国の領土・領海の意識が鮮明になってきたようだ。石高制に立つ幕藩制国家であるから、対外意識に関わりなく領土の自覚が明確なのは当然かも知れないが、それだけでなく領海意識もはっきり表面化してくる。たとえば日本に渡航中、または日本より帰航中の外国船と他の外国船との間で砲撃戦が勃発したり、海寇行為があったりして幕府に愁訴がなされ、その紛争に関与することになった場合、幕府はその海寇行為等が行なわれたのは日本の領海か否かに重点を置いて、これに対応した。領海意識は紛争を含め外国との関係の中から、外国を意識することによって芽生えるものであろう。領土とその延長としての領海の意識が対外関係の中から芽生え、明確になって来たということは、表現を変えるなら自国の主権に対する自覚が確立したと言ってよいであろう。先に記した、領土・領海内の外国人犯罪のすべてに対し、「鎖国」を転機に幕府が裁判権を行使するようになったことも、その論拠となる。領海の内と外とを問わず、幕府下付の朱印状(異国渡海朱印状および来航許可朱印状)に法的効力を持たせ、異国渡海朱印状が粗略に扱われる事件が発生するや、すかさず奉書船制度に切り替えてその再発を防ぐ措置をとったのも、主権の自覚と無関係ではありえない。

キリシタン問題を国内問題として割り切ることの出来ないところに、宗教としてのキリシタンの特殊性がある。どうしてもその背後に南蛮国が見え隠れする。慶長から寛永「鎖国」頃にかけての時点で、南蛮国が現実にいかなる脅威になったのかとの反問は、後世の発想であろう。大航海時代はカトリック布教による救霊という大義を掲げた、南蛮国による征服の歴史である。もうそれは盛りを過ぎたと言っても通用しない。

主権に対する自覚が芽生えた背景として、わが国が東アジアの伝統的国際社会から一歩踏み出して、ヨーロッパ諸国などそれ以外の国々と交渉を持ったことを、考えに入れねばならないであろう。つまり対外的危機意識が、その背景をなしたと言ってよいであろう。主権の確立は、政策的には対外姿勢の確定を伴うものであろう。すなわち「鎖国」体制がそれであり、右のような背景を持つ以上、一定の制約下の国際社会に自国を位置付けることになろう。すなわち必需物資の輸入調達に支障をきたさない限りにおいて、ケンペルの言う交わって何ら益するところのない国を排除して、わが国の主権を危うくするおそれのない国々のみに限定した国際社会を形成することである。

仮に五通の条目を一括して〝鎖国令〟と呼んでも、それらの法令だけで「鎖国」体制を現出させるだけの内容が完備しているわけではない。いろいろ挙げるべきものはあろうが、中でも最も重要な事柄として、右に記した国際社会の構築と、長崎警備体制の確立の二つを指摘したい。

まず第一の国際社会の形成であるが、「鎖国」はキリシタンの大本、南蛮国との断交を第一義としたものの、貿易・海外の情報・海外からの文化摂取等の必要がなくなったわけではない。そのために先の基準で選別された国々と、国際社会を構築したと言ってよい。オランダ人は将軍の忠実な臣下に徹することにより、「鎖国」時代を通してヨーロッパではただ一国日本貿易を続けることが許され、ポルトガル人に代わってアジアの産物を日本に輸入する役割を担う。

朝鮮とは秀吉の出兵があったために関係が途絶えていたが、歴史的に朝鮮と関わりが深く、しかも朝鮮貿易以外にとりたてて収入もない対馬島主宗氏の主導の下、慶長一四年(一六〇九年)李氏朝鮮と宗氏との間で己酉約条が締結され、両国間の修復が成った。更に柳川一件を経て寛永一二年(一六三五年)対朝鮮外交儀礼が改革され、ここに日本の朝鮮に対する外交体制が確立した。朝鮮は江戸時代を通してわが国が正式に国交を結んだ唯一の国であるが、両国の関係は基本的には、室町幕府下の日朝関係への復旧と称してよい。すなわち、中国を宗主国とする朝鮮国王と日本の将軍(国王)が対等の交隣関係を結び、前代以来の関係で対馬藩主宗氏が、朝鮮国王から冊封を受けて朝貢貿易を許される一方で、朝鮮国王が日本〝国王〟たる将軍のもとに、一方的に通信使を送って来るというものである。この通信使は大半が将軍襲職の慶賀のためで、全部で一二回派遣された。この日朝関係は確かに一面では前代の両国関係の復旧であるが、決して完全な復旧ではなかった。足利将軍は中国皇帝から〝日本国王〟の冊封を受けたが、徳川将軍はそうではない。足利将軍と異なって徳川将軍は対外的に〝国王〟号を用いず〝大君〟という新しい公称を用いた。外交文書に朝鮮は宗主国の元号を用いたのに対し、徳川将軍は当然のことだが日本の年号を用いたこと等である。

家康はその初政の段階で中国との国交回復を図ったが、結局それは達成されず、その後はそれの実現に向けての努力もなされなかった。中国との国交・貿易はかつての室町幕府同様、中国の冊封体制に自らを投入することに外ならなかった。それは先方中国の、日本〝国王〟たる将軍に対する不信感もさることながら、幕府の側で到底受け入れることの出来ない条件であったと言ってよい。江戸時代を通して多数の中国商人が長崎に渡来して交易が行なわれたが、彼らは国家を背景にしていない。

琉球国王は中国皇帝から冊封を受けていたが、薩摩の島津氏は慶長一四年、家康の許可を得て兵を送り琉球を征服支配し、その石高は薩摩藩の石高に加えられた。しかしそれでいて幕府はその後も琉球を外国と見做し、将軍襲職の慶賀または琉球王襲封の恩謝のために、琉球使節が幕府のもとに派遣された。琉球国王は中国皇帝から冊封を受けていたのであるから、中国に対し朝貢貿易を行ない、このようにして島津氏は事実上中国貿易を行なうことが出来た。

日本にとっていわゆる「鎖国」後も貿易の必要性は少しも減じておらず、基本的には右に記した国際関係に更に松前藩の管理する蝦夷貿易を加えて、必需物資の調達を行なったと言ってよい。

「鎖国」の趣旨の貫徹には、全国的な海防体制の確立を要する。島原の乱の鎮定後寛永一五年(一六三八年)三月松平信綱が長崎に立ち寄って諸処見分し、野母崎に番所を置き、更に近国に急を告げる烽火山番所を設けたと伝える。幕府は寛永一六年七月五日付けで全国諸大名に対し、領内の沿岸警備と渡来外国船の長崎送遣を命じた。〃浦々御仕置〃と称するが、先の〃鎖国令〃の最後ポルトガル船渡来禁止を命じたのと同日である。同年八月には熊本藩主細川忠利・筑前国主黒田忠之・久留米藩主有馬豊氏・佐賀藩主鍋島勝茂・柳川藩隠居立花立斎に対し、黒舟が渡来したら長崎・江戸へ注進すべきこと、長崎奉行の命に従い、島原藩主高力忠房と万事相談すべきことを申し渡した。さらに同八月長崎近辺の諸大名(大村藩主大村純信・五島藩主五島盛利・平戸藩主松浦鎮信・唐津藩主寺沢堅高・人吉藩主相良頼寛)に対して、長崎奉行と高力忠房の指揮の下に入念に警備に当たるよう指示した。高力忠房は松倉氏改易の後を承けて島原に入部した譜代大名である。寛永一七年五月一七日(一六四〇年七月六日)貿易再開を嘆願する目的で、マカオからポルトガル船が長崎に入津した。これに対し幕府は加々爪忠澄(大目付)・野々山兼綱(目付)の両名を上使として長崎に派遣し、使節・乗員六一人を斬罪に処した(下級乗員一三人を送還)。幕府は九州諸大名を島原に集めて、同年六月三日付けで右の一件をしらせた上で、それぞれの領内に遠見番所を設置すること、渡来ポルトガル船を見付けたら高力忠房と長崎奉行並びに大坂と隣国の諸大名にも通報すること、ポルトガル船を沖合に見かけた際、原則として直ちに攻撃を仕掛けないで、高力忠房と長崎奉行の指図に従うこと等を命じた。翌寛永一八年(一六四一年)二月幕府は黒田・大村・五島の三氏に対し、この年の参勤を免除して特に沿岸警備を命じた。大村・五島の両藩は外国船(それも特にポルトガル船)渡来の航路にあたるので、自領の警備である。これに対して筑前国主黒田氏は、ここに長崎の警衛を命ぜられ海防の先鋒を勤めることになった。翌寛永一九年三月肥前佐賀城主鍋島勝茂も、黒田氏同様の警備を命ぜられ、湾口に西泊・戸町の両番所を設置して、両藩で隔年に勤番した。鍋島藩では更に独自に深堀・神之島・高島・香焼・沖之島・伊王島等に番所を設置した。いずれも長崎に入津する航路に当たる。黒田氏の長崎警備と同時に自領沿岸の警備を命ぜられた大村・五島両氏のうち大村藩は、長崎湾外の航路に当たる外海に設置した、一六カ所の番所の勤番が主なものであった。ポルトガル船関係については、松平忠明(姫路城主、家康の外孫)・井上政重(大目付、宗門改役)・高力忠房・馬場利重(長崎奉行)・柘植正時(同)も、警備とその指揮に当たるよう命ぜられた。

寛永二一年（一六四四年）長崎に渡来した中国船に中国人のキリシタンがいるとの密告があり、捕えて拷問にかけたところ、マカオの中国人をキリシタンに勧誘して日本に送り込む計画があり、まず本年は日本のキリシタン禁制の様子を探りに来た。マカオにいる日本人の子供に、キリシタンに関する学文や中国の学文をさせて、中国人に仕立てて日本に送る準備もしている旨白状した。このため以後は、中国船に対する警戒も強めた。正保元年（一六四五年）一二月、石火矢で武装した軍船二艘がマカオから使者を搭せて日本に渡来する計画があるとの通報があった。将軍は井上政重を松山藩主松平定行・黒田忠之・薩摩藩主島津光久のもとに遣わして、これに備えさせた。松平定行は松平忠明が死亡したためその後を承けて、正保二年正月にポルトガル船長崎渡来に際して指揮に当たるよう、幕府の命を受けていた。更に幕府は正保二年（一六四五年）二月島津光久に対し、外国船が渡来したら長崎奉行のもとに連れて行くか、またはその地で用件を聞いてその趣を大坂・長崎および高力忠房に通報するよう命じ、挑発的・刺激的な態度に出て事を荒立てることのないよう指示した。

正保四年六月二四日（一六四七年七月二六日）二艘のポルトガル船が長崎に渡来した。ポルトガル国王が貿易再開を願うために日本に派遣した、使節ゴンサロ・デ・シケイラ・デ・ソーザが搭乗してきたものである。日本側はその翌日オランダ商館長に対し、オランダ船をもって支援してくれるか通詞を介して打診した。ポルトガル船入津の翌々日には早くも、近くの諸大名が軍勢を率いて長崎に到着し始めた。高力忠房(島原城主、西国の目付)・日根野吉明(豊後府内城主、西国の目付)・馬場利重の三名が指揮をとり、九州と四国の大名九家の人数四万八〇〇〇人、七三〇艘が長崎に集結した。ポルトガル側は最初から貿易再開の要望を持ち出すことをせず、ポルトガルが六〇年に及ぶスペイン国王による統治を脱したことを通報し、両国間の交誼を復旧させるために来たと告げた。幕府は井上政重と山崎正信(在府の長崎奉行)の両名を上使として長崎に遣わし、ポルトガル側に対し、禁制を犯して渡来したものではあるが、国王位回復の故に使者を送って来たものであるから、死罪には当たらずとして帰国を命じ、同四年八月六日(九月四日)長崎を出港した。わずか二艘のポルトガル船に対しいささか過剰反応の嫌いはあるが、水も漏らさぬ海防体制を証明するものであった。

その後部分的手直しはあったが、「鎖国」への傾斜と共に確立した長崎警備体制はおおよそ右の通りであった。後に内外の環境も変化し、それと共に幕府の認識も変わり、その機能に変化が生じたが、当初はあくまでも南蛮国の船に対する監視と防衛を目的とした海防体制であった。

基本文献

一、本書を執筆する際に直接典拠としたもののみに限定せず、キリシタン史を研究する上の基本文献を紹介する。

二、史料と研究文献とのいずれか、明確に区別しにくいものもあるが、史料の翻刻が主だと認められる編訳書は、一応史料とする。

三、原則として初版を表示し、後に改訂版が出たものについてはその旨記す。ただしその著書だけでなく、雑誌論文等をも収載した著作集が刊行された場合は、閲読の便を考慮して、その著作集の方を表示する。

四、雑誌論文まで採録するとその数が膨大になるので、原則として単行本に限定する。

(史料)

村上直次郎訳　渡辺世祐註『耶蘇会士日本通信』(京畿篇)上・下、駿南社、一九二七・二八年(改訂復刻版、雄松堂、一九六六年)。

村上直次郎訳註『耶蘇会士日本通信』(豊後篇)上・下、帝国教育会出版部、一九三六年。

村上直次郎訳『耶蘇会年報』一(『長崎叢書』二)、長崎市役所、一九二六年。(右の豊後篇上・下と合わせた改訂復刻版『イエズス会士日本通信』(豊後・下篇)上・下、雄松堂、一九六八・六九年)。

村上直次郎訳『耶蘇会の日本年報』一・二、拓文堂、一九四三・四四年(改訂復刻版『イエズス会日本年報』上・下、雄松堂、一九六九年)。

右の一連の村上氏の訳業は、Cartas, I, II, Évora, 1598 (Facsimile Edition, Tokyo, 1972) の大部分を邦訳したもの。刊行された日本イエズス会士書翰・年報集としては、最も基本的な文献。

フロイス著、松田毅一 川崎桃太訳『日本史』全一二巻、中央公論社、一九七七〜八〇年。

イエズス会士ルイス・フロイスが著述した História de Japam. の全巻を邦訳し、詳細な註を付したもの。なお原著は、Luís Fróis, História de Japam, José Wicki ed., 5 vols., Lisboa, 1976-1984 として出版。

『大航海時代叢書』第Ⅰ期全一一巻・別巻、第Ⅱ期全二五巻、岩波書店、一九六五〜七〇年、一九七九〜九二年。

大航海時代の基本的な原典の訳業。キリシタン史に直接関わるものは、第Ⅰ期のジョアン・ロドリーゲス著『日本教会史』上・下、フロイス著『日欧文化比較』(本書はのちに『ヨーロッパ文化と日本文化』と改題して岩波文庫に収める)、第Ⅱ期の『イエズス会と日本』一・二である。とくに最後に挙げた『イエズス会と日本』は、本書の史料的論拠として関わりが深い。しかし世界史的視野に立って日本を俯瞰する上で、同叢書は全巻を通して重要な資料群である。

『異国叢書』全一三巻、駿南社(一冊のみ聚芳閣)、一九二七〜三一年。

キリシタン史に直接関係するものでは、先に挙げた村上氏の訳業の外、村上直次郎訳註『異国往復書翰集 増訂異国日記抄』、村上直次郎訳註『ドン・ロドリゴ日本見聞録 ビスカイノ金銀島探検報告』を収む。

『新異国叢書』全一五巻、雄松堂、一九六八~七〇年。
キリシタン史に直接関係するものでは、先に挙げた村上氏の訳業の外、デ・サンデ著『天正遣欧使節記』を収む。

『大日本史料』一〇・一一・一二編。
関係史料は各巻にわたるが、とくに一一編別巻之一・二は天正遣欧使節関係史料、一二編之一二は慶長遣欧使節に関する史料の集成である。

『日本関係海外史料　イエズス会日本書翰集』原文編之三・同訳文編之二(下)既刊、東京大学史料編纂所、二〇一一・二〇〇〇年。
ザビエルに始まる日本関係イエズス会士書翰集である。現在刊行途中。

松田毅一監訳『十六・七世紀イエズス会日本報告集』第一期五巻・第二期三巻・第三期第七巻、同朋舎、一九八七~九八年。

『キリシタン書　排耶書』(『日本思想大系』二五)岩波書店、一九七〇年。
教理書を主としたキリシタン教会側の和文献、および排耶書の主要著作の集成。

鷲尾順敬編『日本思想闘諍史料』全一〇巻、東方書院、一九三〇・三一年。
とくに第一〇巻に排耶書を収む。

『続々群書類従』一二、国書刊行会。
『契利斯督記』『査祆餘録』および排耶書を収載。

『通航一覧』国書刊行会。

とくに巻之一七九〜一九七が関係史料。

新村出編『海表叢書』全六巻。更生閣、一九二七・二八年。(『南蛮紅毛史料』と改題再刊、全二巻、更生閣、一九三〇年。初版全六巻の復刻、成山堂、一九八五年。なお一九二八年平楽寺より、別巻「異国情趣集」を加えた『海表叢書』全七巻として発行)。

近世対外関係に関する典籍三二篇を収む。

『影印本　異国日記』東京美術、一九八九年。

金地院所蔵の「異国日記」「異国渡海御朱印帳」「異国近年御書草案」「異国御朱印帳」「異国日記御記録雑記」の影印。中村質氏が解説。

Documenta Indica, 18 vols. Roma, 1948-88.

ローマのイエズス会歴史研究所の出版物で、一五四〇〜一五九七年のインド管区関係の史料集。主としてヴィッキ Joseph Wicki 神父が編纂。

Documentos del Japón 1547-1557; 1558-1562, Juan Ruiz-de-Medina ed., Roma, 1990, 1995.

同じくイエズス会歴史研究所の出版物で、ザビエルに始まる初期の日本関係イエズス会士書翰集。

Epistolae S. Francisci Xaverii aliaque eius scripta, G. Schurhammer et I. Wicki ed., 2 vols., Roma, 1944, 45.

ザビエルの全書翰の翻刻と書誌的研究。河野純徳訳『聖フランシスコ・ザビエル全書簡』平凡社、一九八五年は、本書を底本にしたザビエルの全書翰の邦訳。

Alexandro Valignano, Il Cerimoniale per i Missionari del Giappone, Giuseppe Fr. Schütte ed., Roma, 1946.

ヴァリニャーノの原著に、イタリア語訳と解説・註とを付して翻刻したもの。矢沢利彦　筒井砂共訳

『日本イエズス会士礼法指針』キリシタン文化研究会、一九七〇年は、本書を底本にした邦訳。

Luis Frois, Kulturgegensätze Europa-Japan (1585), J. F. Schütte ed., Tokyo, 1955.

フロイスの原著に書誌的解説と、ドイツ語訳とを付して翻刻したもの。前記岡田氏の邦訳(『大航海時代叢書』では『日欧文化比較』、岩波文庫では『ヨーロッパ文化と日本文化』)は、本書を底本にした邦訳。

Afonso de Lucena, Erinnerungen aus der Christenheit von Omura, J. F. Schütte ed., Tokyo, 1972.

大村キリシタンに関するイエズス会士ルセナの回想録(一五七八〜一六一四年)に、解説とドイツ語訳とを付して翻刻したもの。佐久間正　山崎澄男訳『大村キリシタン史料　アフォンソ・デ・ルセナの回想録』キリシタン文化研究会、一九七五年は本書の邦訳であるが、一部抄訳。

Josef Franz Schütte, Monumenta Historica Japoniae I, Roma, 1975.

日本イエズス会の名簿・カタログ類の集大成である。巻末の索引は、一般的な〝索引〟の通念を超えた精緻なもので、極めて有用である。

Alejandro Valignano, Sumario de las Cosas de Japón (1583), José Luis Alvarez-Taladriz ed., Tokyo, 1954.

ヴァリニャーノの第一回日本巡察の報告書(一五八三年)を翻刻し、解説と詳細な註を付したもの。

A. Valignano, Adiciones del Sumario de Japón, J. L. Alvarez-Taladriz ed.

ヴァリニャーノの第二回日本巡察にともなう報告補遺(一五九二年)、第二回日本イエズス会全体協議会の記録(一五九〇年)、および第一回イエズス会日本管区会議議事録(一五九二年)を翻刻し、詳細な註を付したもの。

なおヴァリニャーノ著、松田毅一他訳『日本巡察記』平凡社、一九七三年は、ヴァリニャーノの報告書の全文、および同補遺全九章の内第七章の途中までの邦訳と解説。なお同補遺第八章は、井手勝美「東インド巡察使A・ヴァリニアーノの日本人観」(『キリシタン研究』二二)に訳載。

Alejandro Valignano, Apologia de la compañia de Jesus de Japon y China (1598), José Luis Alvarez-Taladriz ed., Osaka, 1998.

ヴァリニャーノ著『弁駁書』(一五九八年)を翻刻し、解説と詳細な註を付したもの。

San Martín de la Ascensión y Fray Marcelo de Ribadeneira, Relaciones e Informaciones, J. L. Alvarez-Taladriz ed., Osaka, 1973.

二人の著者はともにフランシスコ会士で、その内マルティン・デ・ラ・アセンシオンは、一五九七年二月に殉教した二十六聖人の一人。いずれもイエズス会士との間の論争であるが、アセンシオンの文書二点、リバデネイラの文書二点を翻刻し、解説と詳細な註を付したもの。

アルバレス・タラドリス氏は右の外にも、『天理大学学報』『サピエンチア英知大学論叢』『大阪外国語大学学報』『神戸外大論叢』『ビブリア』Estudios Hispánicos(大阪外国語大学)等に大量の史料を翻刻。

Documentação para a História das Missões do Padroado Português do Oriente, Índia, António da Silva Rêgo ed., 12 vols., Lisboa, 1947-58.

東インドの布教に関する文書集(一四九九～一五八二年)。

Documentação para a História das Missões do Padroado Português do Oriente, Insulíndia, Artur Basílio de Sá ed., 5 vols., Lisboa, 1954-58.

モルッカ・アンボイナ・ソロル・チモール・マカサル等の諸島での布教に関する文書集(一五〇六～一

五九五年）。右のシルヴァ・レーゴ編文書集の姉妹編。

Leo Magnino, Pontificia Nipponica, 2 vols., Roma, 1947, 48.

　日本関係の教皇文書集。キリシタン時代は第一巻。

ロレンソ・ペレス神父の翻刻になる日本関係フランシスコ会文書。Archivo Ibero-Americano. Archivum Franciscanum Historicum. 等のフランシスコ会の雑誌に翻刻掲載された史料は膨大な数量に上る。なおペレス神父の業績については、次の著作目録がある。Antolín Abad, "P. Lorenzo Pérez Fraile, O. F. M. (1867-1937), Noticias Biobibliográficas", Archivo Ibero-Americano, año XVII, núm. 71-72.

イタリア・スペイン・ポルトガル・イギリス等に所在する未刊史料については、次のような目録がある。

Josef Franz Schütte, Documentos sobre el Japón conservados en la Colección «Cortes» de la Real Academia de la Historia, Madrid, 1961.

J. F. Schütte, El «Archivo del Japón», Madrid, 1964.

J. F. Schütte, Japón, China, Filipinas en la Colección "Jesuitas, Tomos" de la Real Academia de la Historia-Madrid, Madrid, 1976. 以上三点は、マドリードの王立史学士院図書館が所蔵する、日本関係文書の目録。

東京大学史料編纂所編『日本関係海外史料目録』6（イギリス国所在文書1）、12（ヴァチカン市国・イタリア国・ポルトガル国・スペイン国・メキシコ合衆国所在文書）、東京大学、一九六六・六九年。

　東京大学史料編纂所が複製写真で所蔵する、右の国々に所在する関係文書の目録。

尾原　悟編『キリシタン文庫　イエズス会日本関係文書』南窓社、一九八一年。

上智大学キリシタン文庫が複製写真で所蔵する、ローマ・イエズス会文書館、アジュダ図書館、大英博物館所在の関係文書の目録。

松田毅一『在南欧日本関係文書採訪録』養徳社、一九六四年。

箭内健次「トルレ・ド・トンボ文書館所蔵「モンスーン」文書所収日本関係文書目録」(『史淵』八三)。

箭内健次「ポルトガル・トルレ・ド・トンボ文書館所蔵「モンスーン」文書所収極東関係文書目録」(『九州大学九州文化史研究所紀要』八・九合併号)。

五野井隆史「リスボン市在国立トーレ・ド・トンボ文書館収蔵「モンスーン文書 Livros das Monções」について」(『東京大学史料編纂所報』一一)。

右の三点は、リスボンのトーレ・ド・トンボ文書館所蔵「モンスーン文書」の内、関係文書の目録。

五野井隆史「イエズス会日本年報について」『キリシタン研究』一八輯、一九七八年。

(研究文献)

Georg Schurhammer, Franz Xaver, Sein Leben und Seine Zeit, 4 vols.. Freiburg, 1955-73.

浩瀚なザビエル伝。G. Schurhammer, Francis Xavier, His Life, His Times, 4 vols., Translated by M. Joseph Costelloe, Rome, 1973-82 は、右の著書の英訳。

G. Schurhammer, Die Zeitgenössischen Quellen zur Geschichte Portugiesisch-Asiens und Seiner Nachbarländer zur Zeit des Hl. Franz Xaver (1538-1552), Rom, 1962.

ザビエル時代のポルトガル領インドに関する史料目録。

G. Schurhammer, Orientalia, Rom, 1963.
G. Schurhammer, Xaveriana, Rom, 1964.
G. Schurhammer, Varia, I, Rom, 1965.
G. Schurhammer, Varia, II, Rom, 1965.

右の四冊はシュルハンマー神父の論文集。最初の Orientalia には彼の著作目録を掲載。最後の Varia, II. の巻末に総索引。

Josef Franz Schütte, Valignanos Missionsgrundsätze für Japan, 1573-1582, 2 vols., Roma, 1951, 58.

ヴァリニャーノの第一回巡察時までの、彼の日本布教政策に関する重厚な研究。J. F. Schütte, Valignano's Mission Principles for Japan, 2 vols., Translated by John J. Coyne, St. Louis, 1980, 85 は、右の著書の英訳(ただし原本第二巻末尾の史料一二点は、省略)。

J. F. Schütte, Die Wirksamkeit der Päpste für Japan im ersten Jahrhundert der japanischen Kirchengeschichte (1549-1650), Roma, 1967.

キリシタン教会に対するローマ教皇庁の活動に関する研究。

J. F. Schütte, Introductio ad Historiam Societatis Jesu in Japonia 1549-1650, Roma, 1968.

先に史料として挙げた同著者の Monumenta Historica Japoniae I. と対になるもので、在日イエズス会士・非会員布教団・日本人信徒数・殉教者数・国内の布教機関の所在・関係史料等に関する精密な研究。

Charles Ralph Boxer, The Christian Century in Japan 1549-1650, Berkeley and Los Angeles, 1951.

ボクサー氏の著作は多数に上るが、中でも本書は、彼のキリシタン史研究の集約と評してよい。キリシタン時代の日本史を、広く世界的視野に立って構築した初めての試みと言えよう。

C. R. Boxer, The Great Ship from Amacon, Lisboa, 1959.

第一部は一五五五年から一六四〇年までの、ポルトガル人の対日通交貿易の歴史。第二部は関係史料。付録として日葡関係の通貨と度量衡の解説。

C. R. Boxer, The Portuguese Seaborne Empire 1415-1825, London, 1969.

ポルトガルの海外進出に関する包括的な叙述。一章を布教問題に充てる。C. R. Boxer, O Império Colonial Português, Inês Silva Duarte tr., Lisboa, 1977は本書のポルトガル語訳。

C. R. Boxer, Papers on Portuguese, Dutch, and Jesuit Influences in Sixteenth- and Seventeenth-Century Japan, University Publications of America, 1979.

C. R. Boxer, A Portuguese Embassy to Japan (1644-1647) and The Embassy of Captain Goncalo de Siqueira de Souza to Japan in 1644-7, University Publications of America, 1979.

C. R. Boxer, From Lisbon to Goa, 1500-1750, Variorum Reprints, London, 1984.

C. R. Boxer, Portuguese Conquest and Commerce in Southern Asia, 1500-1750, London, 1985.

C. R. Boxer, Portuguese Merchants and Missionaries in Feudal Japan, 1543-1640, London, 1986.

C. R. Boxer, Dutch Merchants and Mariners in Asia, 1602-1795, London, 1988.

C. R. Boxer, Opera Minora, I～III, Lisboa, 2002.

右の九冊はボクサー氏の著作集。

Léon Pagés, Histoire de la Religion Chrétienne au Japon depuis 1598 jusqu'a 1651, 2 vols., Paris, 1869, 1870.

クリセル神父校閲　吉田小五郎訳『日本切支丹宗門史』全三冊、岩波文庫、一九三八〜四〇年は、右の第一巻の邦訳。なお第二巻は関係史料集。

Lino M. Pedot, La S. C. de Propaganda Fide e le Missioni del Giappone (1622-1838), Vicenza, 1946.

主として布教聖省の側からキリシタン史を把握した研究。

Jesús López Gay, El Matrimonio de los Japoneses, Roma, 1964.

J. López Gay, El Catecumenado en la Misión del Japón del S. XVI, Roma, 1966.

J. López Gay, La Liturgia en la Misión del Japón del Siglo XVI, Roma, 1970.

イエズス会士ロペス・ガイ神父は、カトリック布教学研究の一素材としてキリシタン問題を取り上げた学者であるが、歴史学の見地からもその研究は注目に値する。その邦訳は井手勝美氏が行なっている。

Michael Cooper, Rodrigues The Interpreter, New York, 1974.

ジョアン・ロドリーゲスに関する伝記的叙述を軸に、幅広い内容の史書。松本たま訳『通辞ロドリゲス』原書房、一九九一年は、本書の邦訳であるが原本の註を省き、本文の一部を抄訳。

姉崎正治『切支丹宗門の迫害と潜伏』同文館、一九二五年(改訂版、養徳社、一九四九年)。

姉崎正治『切支丹禁制の終末』同文館、一九二六年。

姉崎正治『切支丹伝道の興廃』同文館、一九三〇年。

姉崎正治『切支丹迫害中の人物事蹟』同文館、一九三〇年。

姉崎正治『切支丹宗教文学』同文館、一九三二年。

右の五冊は、わが国におけるキリシタン史研究の古典である。

岡本良知『十六世紀日欧交通史の研究』弘文荘、一九三六年（改訂増補版、六甲書房、一九四二年）。

イベリア両国の文献史料の開拓は、先に村上直次郎氏によって着手されたが、それを一段と深化させて後進に指針を示したのが、岡本氏の業績とりわけ本書である。

岡本良知『十六世紀における日本地図の発達』八木書店、一九七三年。

岡本氏の遺稿である。

岡本良知『キリシタンの時代―その文化と貿易』八木書店、一九八七年。

キリシタン・通交・貿易・文化に関する論考十数篇を収む。

『幸田成友著作集』三、中央公論社、一九七一年。

『日欧通交史』岩波書店、一九四二年、およびキリシタン史関係の論考を収む。

村岡典嗣『日本思想史研究　第三』、岩波書店、一九四八年。

村岡典嗣『日本思想史概説』（『日本思想史研究』四）創文社、一九六一年。

村岡典嗣『国民性の研究』（『日本思想史研究』五）創文社、一九六二年。

キリシタンと神儒仏との間の論争に関する、古典的研究。

古野清人『キリシタニズムの比較研究』（『古野清人著作集』五）三一書房、一九七三年。

潜伏時代はもちろんキリシタン時代においても、その信仰がいわゆるシンクレティズムであることを論じた注目すべき研究。

海老沢有道『切支丹史の研究』畝傍書房、一九四二年（増訂版、新人物往来社、一九七一年）。

海老沢有道『切支丹の社会活動及南蛮医学』冨山房、一九四四年。

海老沢有道『南蛮学統の研究』創文社、一九五八年(増補版、創文社、一九七八年)。

天文暦学を中心に関連諸学に及ぶ科学思想の系譜、鎖国時代におけるキリシタン理解等に関する研究。

海老沢有道・松田毅一『エヴォラ屛風文書の研究』ナツメ社、一九六三年。

海老沢有道『日本キリシタン史』塙書房、一九六六年。

海老沢有道『キリシタンの弾圧と抵抗』雄山閣、一九八一年。

松田毅一『近世初期日本関係南蛮史料の研究』風間書房、一九四二年。

フロイス文書の研究を中核にして、河内キリシタンの研究、代表的キリシタン伝の補足的研究、天正遣欧使節考等を加えた重厚な著書。

松田毅一『キリシタン研究』第一部四国篇、創元社、一九五三年。

松田毅一『キリシタン研究』第二部論攷篇、風間書房、一九七五年。

十字の記号・織部灯籠・大道寺裁許状等一二篇の論考。

土井忠生『吉利支丹語学の研究』靖文社、一九四二年(新版、三省堂、一九七一年)。

土井忠生『吉利支丹文献考』三省堂、一九六三年。

土井忠生『吉利支丹論攷』三省堂、一九八二年。

右の三冊は、キリシタン版およびイエズス会士の日本語研究に関する、土井氏の論考の集成。

岡田章雄『岡田章雄著作集』全六巻、思文閣出版、一九八三・八四年。

キリシタン史・日欧交渉史に関する岡田氏の研究の集成。とくに一・二巻は、キリシタン史を風俗史の方面から、鋭い着眼をもって研究した論著を収む。

H・チースリク『キリシタン人物の研究』吉川弘文館、一九六三年。

H・チースリク編著『芸備キリシタン史料』吉川弘文館、一九六八年。

亀井孝 H・チースリク 小島幸枝『日本イエズス会版キリシタン要理』岩波書店、一九八三年。
　キリシタン版『どちりいな・きりしたん』と、そのポルトガル原本についての研究。

五野井隆史『徳川初期キリシタン史研究』吉川弘文館、一九八三年（補訂版、吉川弘文館、一九九二年）。
　徳川初期政権とキリシタンとの関わり、イエズス会の東南アジア布教、日本人宣教者等についての研究。

五野井隆史『日本キリスト教史』吉川弘文館、一九九〇年。

高瀬弘一郎『キリシタン時代の研究』岩波書店、一九七七年。

『キリシタン研究』一〜四九。一九四二〜二〇一二年。
　キリシタン文化研究会の機関誌的定期刊行物。内外の優れた論文・史料紹介を多数収載。

（文献目録）

Robert Streit, Bibliotheca Missionum, Aachen.
　キリスト教布教に関する文献目録。日本布教関係は四・五・六・一〇巻。

Carlos Sommervogel, Bibliothèque de la Compagnie de Jésus, 12 vols., Paris.
　イエズス会士の著作とその解題。

László Polgár, Bibliographie sur l'Histoire de la Compagnie de Jésus 1901-1980, II, III, Roma, 1986, 1990.

イエズス会の歴史ならびにイエズス会関係の人物についての文献目録。

Joseph Dehergne, Répertoire des Jésuites de Chine de 1552 à 1800, Roma, 1973.

中国布教を行なったイエズス会士の略伝と、それぞれについての参考文献を挙げる。日本教会との関わりも深く、有用である。

Johannes Laures, Kirishitan Bunko, a Manual of Books and Documents on the Early Christian Mission in Japan, Tokyo, 1957.

Henri Cordier, Bibliotheca Japonica, Paris, 1912.

Christianity in Japan, A Bibliography of Japanese and Chinese Souces, Part 1 (1543-1858), Arimichi Ebisawa ed., Tokyo, 1960.

京都外国語大学付属図書館編『対外交渉史文献目録 近世篇』雄松堂書店、一九七七年。

中田易直編『近世日本対外関係文献目録』刀水書房、一九九九年。

あとがき

本書は、慶應義塾大学通信教育のテキストとして執筆した『日本史特殊Ⅱ——キリシタン史——』(一九九二年二月)を増補したものである。本書の第四章の一部・第五章の一部・第九章、および巻末の基本文献リストがまとまった増補部分であるが、その他数箇所細部にわたって加筆した。

〝キリシタン史〟の教材が基になっているのであるから、一応満遍無く説き尽くさねばならない筈だが、説き尽くしたなどとは少しも思っていない。それは〝紙幅の制約〟のためではなく、偏に著者の能力の限界による。多くの方がそれぞれ持味を出して、通史を執筆されるのがよいと思う。

本文中にお名前を記した方々はむしろごく一部で、それ以外にも多数の方の研究を参照させていただいた。基のテキストの体裁を踏襲して、本書においても典拠の註記は省略した。

巻末の基本文献は、本書執筆に利用したか否かにかかわらず、キリシタン史の研究を志す若い方々に役立てばと思い、文字どおり基本文献をリストにしたものである。

年代の表記は、原則として国外については西暦、国内については邦暦を優先させた。ただし月日が不明確のため、相当する邦暦年を示すことが出来ない場合もあり、この点徹底を欠く結果となった。

慶應義塾大学スタッフの義務として、気の進まぬまま難渋の末に作った教材に、さらに増補までしてこのような形で出版することになったのは、岩波書店石原保徳氏の厚意あふれたお薦めによる。お礼申し上げる。

一九九三年四月

著者

岩波人文書セレクションに寄せて

初版のあとがきに記した通り、本書はもともと慶應義塾大学通信教育のテキストとして執筆したものである。戦後間もなく発足した通信教育で使用してきたテキストが、例えば旧仮名遣いであるなど、いろいろな点で放置出来ないというのが学内世論の大勢となった。『キリシタン史』も、書き替えを要するテキストとしてリストアップされた。書き替えは私が担当することになり、相当長い期間を費やして、苦心を重ねて執筆したことを覚えている。そうしてテキスト『日本史特殊Ⅱ——キリシタン史——』が刊行されたのは一九九二年であった。

このようにして作られた通信教材が、少し増補した上で岩波書店から出版されることになったが、それは大航海時代叢書を担当された同社の石原保徳氏のお勧めによるものであった。『キリシタンの世紀』という表題も、氏が付けたものである。この表題の発案に当たり、C. R. Boxer, The Christian Century in Japan, 1951 が氏の脳裡にあったことは間違いない。ボクサーは大航海時代におけるポルトガル人の活躍を研究テーマとするイギリスの歴史学者で、日本のキリシタン史も研究対象とした。右の書籍は氏のキリシタン史研究の主要部分である。未だに邦訳書がないこともあって、日本史研究の学界では充分に活用されてきたとは言えないように思う。

ただこのボクサーのキリシタン史は、何点かの文書以外はイエズス会文書を利用していないという問題点がある。イエズス会文書の中で、その写しが他の在欧文書館に架蔵されているものは使用しているが、肝心のローマ・イエズス会文書館にある大量の極めて良質のイエズス会原文書が、あれほどの学識を備えたボクサーの利用するところとならなかったのは不可解である。

さてわが国におけるキリシタン史研究であるが、昭和四〇年代頃を画期として、それ以前の村上直次郎訳によるエヴォラ版イエズス会書翰集や、吉田小五郎訳のパジェス著『日本切支丹宗門史』(いずれも「基本文献」参照)等の文献を史料の中核に据えた研究から、曲がりなりにも教会史料の原文書にまで遡る研究が行われるようになった。エヴォラ版書翰集はまさにイエズス会士の書翰であるし、パジェスの史書もイエズス会文書が基になっている。しかしローマ・イエズス会文書館で、実際に自分の目で膨大な量のその原史料に及ばずながら目を通していく内に、眼前に展開する、エヴォラ版やパジェスからはまるで知り得ないキリシタン教会の真実に、言い知れぬ感動を覚えたことを今でも忘れない。私の若い頃の留学中の話である。私が初めて同文書館を訪ねたのは昭和四二年であったが、その後私は一貫して、イエズス会文書を主たる研究材料としてきた。同文書にはそれほどの奥深さがある。イエズス会士が高水準の知的集団であることによるものであろうか。

『キリシタンの世紀』が出版されて二〇年経過した。「キリシタンの世紀」の語も漸く学界あるいは読書界に浸透してきた感がある。「キリシタン史」を「キリシタン時代」あるいは「キリシタンの世紀」に言い替えるのには、少なくとも私には、対象とする歴史に広がりを持たせたいという思いがこもっている。

キリシタンの世紀、キリシタン時代は、もっと視圏を広げれば大航海時代であるが、西欧世界の異教世界への進出である。広域にわたり、当然いろいろな局面で受容・共生もあろうが、多くの摩擦や矛盾が生じ、相克から果ては軍事的衝突に及ぶ。宗教・経済面は言うまでもない、その他文化面や政治・軍事・社会生活等さまざまな方面にわたる。日本ではそれらの内の宗教面を限って、「キリシタン史」と呼ぶ。

歴史的に永い交渉があった隣の大陸ではない。わが国にとって、全く価値観を異にする異文化との初めての接触である。西欧世界、とりわけカトリックには異教文化と共生などという気持ちはなかった。あくまで一人カトリックのみが絶対的真理であって、異教は根絶やしにせねばならぬ。カトリックを信奉する者、その根本の所は皆同じであったと言ってよい。わが国は結局カトリック世界との交渉を断絶したが、それも当然の成行きと言うべきであろう。

本書で多くの紙幅を割いて記述した事柄に、キリシタン教会の経済基盤の問題がある。キリシタン史研究において布教の財源の如き事柄は、永い間ほとんど全く問題にもされてこなかった。かつてのキリシタン史研究がいかに片肺飛行であったか、その証しの一つである。財源のことなど触れずにキリシタン史を記述しようと思えば、それも可能であろう。現にシュルハンマーの浩瀚なザビエル研究では、ザビエルの活動の財源については、信徒の喜捨を記すくらいでとくに問題にしていない。しかしそれを片肺と思うなら、正さねばならない。宣教師が生き、そして活動するのには、一体何を財源にしていたか。

日本史では神社仏閣がどこにどれくらいの社領、寺領を所有したかなどということは、当然のこととして語られるであろう。ところがキリシタン教会については永く、宣教師は天空を舞う天使の如く聖性の具現として記述されるのが一般であった。そのような所へ経済問題を持ち込み教会の財源を明らかにすると、一体どういうことになるか。イエズス会会憲は、司祭職にある会員——キリシタン教会のパードレ——は、信徒の喜捨によって生きよ、資産を持ってはならない、と命じている。ところが現実はどうであったかというと、彼らは商業活動をして、終始それで宣教のための経費の大部分を賄っていた。それ以外にも、所得が得られる広大な土地を日本国外に持っていた。

もう一つ会憲は、コレジオはそこに学ぶ修学生のために、喜捨に拠らないで資産を所有してもよいと規定した。そういえば大航海時代、コレジオという名称を冠した施設が目に付く。日本についてもそれは言えるようである。資産を保有するには、コレジオがないと困る。自ら商業収入を財源としただけではない。商業で培った経験や取引関係を、布教のために有効に利用した。徳川家康はじめ権力者のために、貿易の仲介業務を行う者も現れた。キリシタンは信仰の歴史だと言うだけでは、問題は解決しない。

私は昔、イエズス会宣教師が異教国日本に対して武力を行使すべしと主張した文書を読んだ時にも相当に驚いたが、この経済基盤をめぐる「欺瞞」を知った時の驚きはそれ以上である。武力行使は個人の跳ね上がりと強弁する向きもあるかも知れないが、こちらは会存立の根幹に関わる。このような欺瞞の経済基盤の上であっても、会員の行動が神の御旨に適えばよいではないか、という声が上がるかも知れないが、それでは会憲は何のためにあるのか。

お金の話はさらに発展する。会憲は、イエズス会士は聖務を無償で行わねばならない、と定める。仏教のように、死者のために経を読み布施を受け取るようなことをしてはいけない。死者のためにミサを挙げるが、それもあくまで無償で行わねばならない。しかし日本人が僧侶に布施を渡すのは、死者の功徳になると信じての行為である。神を信じない者は地獄に落ちると聞かされて、神を信じないまま死亡した近親者や先祖の霊の行方を案じて悲しむ日本人に対し、教義上いかんとも為し得ないことは、ザビエルも記述している。イエズス会士は試行錯誤の末、日本人の死者を悼む思いを尊重して、死者のためにミサを挙げた際に金品を受納することを許した。つまりここでも、会憲の規定を枉《ま》げて対処しようとした。たかがお金といって軽視出来ない重みがある問題ばかりであるが、この種の経済絡みの事柄は、キリシタン史では以前はいっさい取り上げられてこなかった。教会人が用意した文献のみを史料にしていたのでは、こういった事柄の解明など望めない。

右に触れたが、コレジオは実は、教会の経済基盤の問題の延長線上にある。本書で、今ならもう少し深く記述しなければならない重要問題の一つに、キリシタン教会の教育機関がある。コレジオ・セミナリオ（或いはもう一つノヴィシアド〔修練院〕も加えるべきか）の歴史である。天正少年使節や支倉六右衛門の慶長使節と並んで、この教育事業はキリシタン史を彩る大輪の花と言ってよいであろう。天草に行くとコレジオが町興しに利用されている。基本的にセミナリオ生徒は非イエズス会士の信徒、コレジオ修学生はイエズス会士である。一般的にセミナリオからコレジオに進む。いずれも一五七九年にわが国に渡来した巡察師ヴァリニャーノが描いた布教展望において、中核的な意味を有するものであった。しかしヴァリニャーノの布教計画は、その後の手直しが多い。

コレジオ問題に関して最も留意すべきは、一五九四年マカオにコレジオを作ったことである。そのマカオ・コレジオの創設も、当初は日本布教のためであった。つまり一五八〇年に日本で最初の豊後府内コレジオが創建されて、一四年後にはマカオにも同じ目的のコレジオが作られたわけである。国内のコレジオには教師や必要な書籍等の備えもなく、何よりも当初日本に各種教育機関を設置することに熱心であったヴァリニャーノも、その後程なくその熱は急速に冷めてしまった。コレジオは江戸幕府の禁教令発布までわが国に存在はしたが、そしてそこで確かに学習はなされたが、コレジオ本来の活動が行われたわけではない。それは専らマカオ・コレジオでなされた。恐らく一般にイメージされているキリシタン教会のコレジオ像は、マカオ・コレジオのそれであって、国内ではない。キリシタン版の印刷所がコレジオの名を冠したと言っても、それは本来のコレジオの機能とは別である。

キリシタン史を大航海時代における異文化の接触に伴う諸相の一環と理解するなら、研究史料の主たるものは海外史料に頼らざるを得ない。国内史料では解明出来る事柄は限定される。しかもその海外史料の読みには、日本史的なきめ細やかさが要求される。それでいて今は、かつてのシュッテ神父やヴィッキ神父の如き、古文書の解読に極めて習熟した、その翻刻史料に全幅の信頼を寄せることの出来るような先達的外国人学者もいない。失礼を顧みずに敢えて記すが、もちろん私自身を含めてであるが、これまで日本人研究者が未だ読んでいないであろうと思われる史料が、なお大量に存在する。そこからどのような歴史が拓けるか、誰にも分からない。

原文書を読むのは字句の修正のためではない、未解読の文書が大量に存在する。学説を闘わせる以前に、未知の歴史が宏漠と広がっている。本書が斯界への興感を呼び起こすのに何らかの貢献が出来ればと、切に願うものである。

二〇一三年九月

著者

■岩波オンデマンドブックス■

キリシタンの世紀
――ザビエル渡日から「鎖国」まで

1993年6月23日　第1刷発行
2013年10月24日　人文書セレクション版発行
2015年9月10日　オンデマンド版発行

著　者　高瀬弘一郎《たかせこういちろう》

発行者　岡本　厚

発行所　株式会社　岩波書店
〒101-8002 東京都千代田区一ツ橋2-5-5
電話案内 03-5210-4000
http://www.iwanami.co.jp/

印刷／製本・法令印刷

ISBN 978-4-00-730266-4　Printed in Japan